Anonymous

Der Umbau des Bahnhofes Hannover

Anonymous

Der Umbau des Bahnhofes Hannover

ISBN/EAN: 9783743392212

Hergestellt in Europa, USA, Kanada, Australien, Japan

Cover: Foto ©ninafisch / pixelio.de

Weitere Bücher finden Sie auf **www.hansebooks.com**

Der

Umbau des Bahnhofes Hannover.

Bearbeitet

von dem

Oberbaurath und Geh. Regierungsrath **Durlach**

und dem

Abtheilungs-Baumeister **Seeliger.**

(Mit 25 Zeichnungsblättern.)

(Sonder-Abdruck aus der Zeitschrift des Architekten- und Ingenieur-Vereins zu Hannover, Band XXXII, Jahrgang 1896, Heft 1—7.)

HANNOVER.

SCHMORL & VON SEEFELD.

1896.

Der

Umbau des Bahnhofes Hannover.

A. Einleitung.

Der in den Jahren von 1843 bis 1846 erbaute und seit der Zeit verschiedentlich erweiterte und ergänzte Bahnhof Hannover hatte im Jahre 1874 diejenige Anordnung und Ausdehnung, welche auf Bl. 2, Fig. 1 dargestellt ist. Er bestand danach aus dem Personen-Bahnhofe mit dem, am Ernst-August-Platze belegenen Empfangs-Gebäude *A*, dem Güter-Bahnhofe mit dem Empfangs-Güterschoppen *B* und dem Versand-Güterschuppen *C*, dem Rohgüter- (Produkten-) Bahnhofe auf dem sog. Postkampe *D'* und auf der sog. Eselswiese *D"*, den Werkstättenbahnhöfen *E'* und *E"*, sowie endlich dem Rangir-Bahnhofe *F*, zwischen dem Engelbosteler Damme und dem von Herrenhausen nach der Burg führenden Wege belegen.

In dieser Anordnung lagen sämmtliche Gebäude, Gleise und sonstige Anlagen in der Höhe der benachbarten Strafsen, welche (mit Annahme des, mittels einer Brücke übergeführten Engelbosteler Dammes und einer in der Königstrafse vorhandenen Fufsweg-Ueberführung) sämmtlich in Schienenhöhe über die Bahn geführt waren.

Dem bedeutenden Aufschwunge, den der Verkehr während der letzteren Jahre genommen hatte, konnte der Bahnhof in seinem damaligen Umfange nicht mehr genügen. Die Grenze seiner Erweiterungsfähigkeit an der bisherigen Stelle war aber, wenn nicht ganz unverhältnifsmäfsig grofse Opfer für Grunderwerb aufgewandt werden sollten, nahezu erreicht. Es konnte daher nur durch einen vollständigen Umbau den vorhandenen Mifsständen abgeholfen werden.

Für die Ausführung des Umbaues hätte eine Verlegung des gesammten Bahnhofes Hannover aus der Stadt nach einer freieren, durch den Strafsen-Verkehr weniger beengten Stelle offenbar grofse Vorzüge gehabt; jedoch wurde von der Verfolgung dieses Planes Abstand genommen, weil die Bürgerschaft in ihrer grofsen Mehrzahl durch eine Verlegung des Bahnhofes geschädigt zu werden glaubte und deshalb den dringenden Wunsch zu erkennen gab, den Bahnhof an seiner bisherigen Stelle zu belassen. Diesem Wunsche gemäfs wurde der Auftrag zur Bearbeitung des endgültigen Entwurfes für den Umbau des Bahnhofes Hannover mit der Mafs-

gabe ertheilt, dass der Personen-Bahnhof an seiner bisherigen Stelle zu belassen sei. Für diese Bearbeitung wurde verlangt:

1) Möglichste Vermeidung von Kreuzungen in gleicher Höhe zwischen den Eisenbahnen und Strafsen innerhalb des Stadtgebietes.

2) Vollständige Trennung des Personen-Verkehres vom Güterverkehre innerhalb des Bahnhofes.

3) Vermeidung von Schienen-Kreuzungen der Eisenbahnzüge verschiedener Richtung unter einander.

Unter Zugrundelegung dieser Bedingungen ist der in Nachfolgendem beschriebene, in den Jahren 1875 bis 1881 zur Ausführung gekommene Entwurf entstanden.

B. Beschreibung des Entwurfes im Allgemeinen.

Der Bedingung einer vollständigen Trennung des Eisenbahn-Verkehres von dem Strafsen-Verkehre konnte mit Rücksicht auf den hohen Grundwasserstand und auf die sonstigen örtlichen Verhältnisse nur durch eine wesentliche Hebung der Bahnhofs-Ebene bei gleichzeitiger geringer Senkung der zu kreuzenden Strafsen zweckmäfsig genügt werden.

Eine genaue Untersuchung bezüglich der Höhenlage der in Frage kommenden Strafsen ergab, dass mit einer Hebung der Bahnhofs-Gleise um 4,5 m genügende Lichthöhe für die Unterführungen der Strafsen gewonnen werden konnte, wobei allerdings die geringste zulässige Konstruktionshöhe für die Ueberbauten der meisten Unterführungen vorausgesetzt werden musste. Dieses Mafs wurde daher festgesetzt.

Die Höherlegung erstreckte sich jedoch nur auf den eigentlichen Personen-Bahnhof und die den Personen-Verkehr vermittelnden Gleise, während die sämmtlichen übrigen Anlagen in Erdbodenhöhe angeordnet wurden. Die Höhenlage dieser Anlagen (Güter-Bahnhof, Rohgüter-(Produkten-) Bahnhof, Werkstätten-Bahnhof usw.) ist indess so gewählt, dass Kreuzungen der Gleise mit Strafsenzügen in gleicher Höhe grundsätzlich vermieden sind.

Der Güter-Bahnhof, sowie der Rohgüter-(Produkten-) Bahnhof (s. Bl. 2, Fig. 2, 3 u. 4) sind möglichst nach dem bereits vorhandenen Rangir-

1*

Bahnhofe Hainholz, dessen Beschreibung sich in dieser Zeitschrift 1878, S. 186 befindet, und welcher Hauptstelle für die Vermittelung des gesammten Güterverkehrs geworden ist, gelegt, so dass sämmtliche Güterzüge zunächst nach dem Rangir-Bahnhofe geleitet und dort weiter verarbeitet werden können.

Die Werkstätten-Anlage Leinhausen nebst Kolonie (s. Bl. 2, Fig. 2), deren Beschreibung sich gleichfalls in dieser Zeitschrift 1879, S. 23; 1884, S. 553 befindet, wurde westlich von Hannover unweit des Dorfes Herrenhausen, mit dem Rangir-Bahnhofe Hainholz durch Gleise verbunden, angeordnet.

Sämmtliche Züge, welche früher den Bahnhof Hannover in westlicher Richtung verliessen, oder aus dieser Richtung in Hannover ankamen, mussten den Rangir-Bahnhof seiner ganzen Länge nach durchfahren. Diese Einrichtung erschwerte nicht nur den Dienst, sondern gefährdete auch die Sicherheit des Betriebes.

Bei der Bearbeitung des Umbau-Planes wurde deshalb von der Benutzung der Gleise des Rangir-Bahnhofes durch die Personenzüge ganz abgesehen und lediglich eine Benutzung derselben durch die Güterzüge in Aussicht genommen. Für die Personenzüge wurden besondere Gleise vorgesehen, welche den Rangir-Bahnhof (an der Nordseite desselben) umfahren und eine solche Höhenlage erhielten, dass bis zu dem Dorfe Herrenhausen sämmtliche die Bahn kreuzenden Wege unterführt werden konnten.

Den ferneren Anforderungen — Trennung des Güter-Verkehrs von dem Personen-Verkehre innerhalb des Bahnhofes und Vermeidung von Kreuzungen der Züge unter sich in gleicher Höhe — ist dadurch Rechnung getragen, dass durch den ganzen Personen-Bahnhof besondere Gleise für Güterzüge, und da, wo die Richtungen von Hauptgleisen sich kreuzen, Unter- bezw. Ueberführungen derselben angeordnet worden sind (s. Bl. 2 u. 4, Fig. 3 u. 4, sowie Bl. 4).

Vom westlichen Ende der Umbau-Strecke beginnend (Bl. 2, Fig. 3), zweigen zunächst unweit der Kreuzung der Nienburger Landstraße mit der Hannover-Mindener Eisenbahn (in gleicher Höhe) bei Kilom. 5,3 mittels zweier einfacher Weichen die nach dem Rangir-Bahnhofe Hainholz führenden, in Erdbodenhöhe erbauten Gütergleise aus den von hier an in der Richtung nach Hannover steigenden Personengleisen ab. Das Ankunftsgleis für Güterzüge wird ohne Weiteres in den Rangir-Bahnhof Hainholz eingeführt, das Abfahrtsgleis für Güterzüge dagegen (zur Vermeidung einer Schienen-Kreuzung mit dem Ankunfts-Personengleise) mittels einer Unterführung unter den inzwischen gestiegenen Personengleisen in Kilom. 4,4 hindurchgeführt. Das für diese Kreuzung hergestellte Bauwerk dient zugleich zur Unterführung des nach dem Werkstätten-Bahnhofe führenden Gleise unter den Personengleisen. Die vom Rangir-Bahnhofe Hainholz nach Osten führenden Gütergleise steigen vom Ostende des Rangir-Bahnhofes Hainholz aus allmählich an und erreichen in Kilom. 1,5 die Höhe der Personengleise, münden jedoch in letz-

tere erst nach Durchfahrt des Personen-Bahnhofes in Kilom. 0,4 östlich vom Empfangs-Gebäude ein (Bl. 2, Fig. 4). Oestlich vom Personen-Bahnhofe wurde die hohe Lage der Gleise, sowohl in der Richtung auf Lehrte wie auch nach Kassel behufs der Unterführung der verkehrsreichen städtischen Straßen (Bult-straße bezw. Bischofsholer Damm) noch beibehalten (Fig. 2), und erst von diesen Punkten an wurden die Bahnlinien auf die beiden genannten Strecken mit 1:275 bezw. 1:300 fallend angeordnet, bis sie bei Kilom. 2,8 bezw. 2,8 die ursprüngliche tiefe Lage wieder erreichen.

Der Umbau des Bahnhofes Hannover umfasst folgende bauliche Anlagen:

a. den Personen-Bahnhof, amtlich Nord-Bahnhof genannt.

1. das Empfangs-Gebäude;
2. 2 Personen-Tunnel;
3. 2 Gepäck-Tunnel mit seitlich anschließenden, unter den Perrons liegenden Räumen für die Betriebs-Verwaltung;
4. einen Post- und Eilgut-Tunnel, mit zwei seitlichen, nach den Perrons hinaufführenden Rampen;
5. 2 Personen-Perrons mit nach den Personen-Tunneln hinabführenden Treppen;
6. 3 Gepäck-Perrons;
7. die Perron-Hallen;
8. 1 Speisesaal auf dem Berlin-Kölner Personen-Perron;
9. drei freistehende Aborte auf den Personen-Perrons;
10. 1 Eilgut-Schuppen mit anschließendem Abfertigungs-(Expeditions-) Gebäude;
11. 1 Maschinenhaus für den Betrieb der Wasserdruck-Hebewerke und für die elektrische Beleuchtung;
12. die Wasserdruck-Hebewerke für Gepäck und Eilgut;
13. Rampen-Anlage zum Verladen von Vieh und Eilgut;
14. 1 ringförmiger Lokomotivschuppen zu 31 Ständen auf dem Hagenkampe, nebst Aufenthalts-Räumen, kleiner Werkstätte usw.;
15. 1 Wagenschuppen für Salon-Wagen;
16. 1 Kohlenbühne mit Holzschuppen.

b. den Güter-Bahnhof.

1) 1 Güter-Abfertigungs-(Expeditions-) Gebäude mit Dienstwohnungen;
2) 1 Empfangs- und 1 Versand-Güterschuppen;
3) 1 Steuerschuppen mit angebautem Abfertigungs-Gebäude;
4) 1 Vieh- und Lade-Rampe.

c. den Rohgüter-Bahnhof.

Das Rohgüter-Abfertigungs-Gebäude mit kleinen Nebengebäude.

d. den Werkstätten-Bahnhof.

1) die Wagen-Werkstätte;
2) die Lokomotiv-Werkstätte;
3) die Dreherei der Wagen-Werkstätte nebst Kesselhaus;
4) die Dreherei der Lokomotiv-Werkstätte mit Kesselhaus;
5) die Achsen-Werkstätte;
6) die Siederohr-Werkstätte;
7) die Schmiede mit anschließendem Kesselhause nebst Wasserwerke;
8) die Kupferschmiede und Metallgießerei;
9) 3 Magazin-Gebäude;
10) 1 Holzschuppen;
11) 1 Badehaus;
12) die Aborte-Anlagen;
13) 1 Speisehalle;
14) 1 Bureau-Gebäude;
15) 1 Schwellen-Tränk-Anstalt, mit kleinen Nebengebäude;
16) 1 Schuppen für Werkstätten-Bedarf;
17) 1 Geräthe-Schuppen;

18) 1 Erdöl-Schuppen;
19) 1 Kohlen-Schuppen;
20) 1 Pförtner-Häuschen;
21) 1 Spritzenhaus;
22) 1 Pirniküche;
23 1 Lokomotiv-Schuppen;
24) 1 Lackir-Schuppen;
25) 1 Werkstätte zum Bearbeiten von eisernem Oberbau.

e. Kolonie Leinhausen.

1) 1 Wohnhaus für zwei Maschinen-Inspektoren;
2) 1 Wohnhaus für zwei Werkstätten-Vorsteher;
3) 1 Wohnhaus für vier Beamte;
4) 4 Wohnhäuser für zwei Beamte;
5) 5 Wohnhäuser für je zwei Vorarbeiter oder Aufseher;
6) 3 Wohnhäuser für vier Arbeiter-Familien;
7) 45 Wohnhäuser für je zwei Arbeiter-Familien.

f. die Steinkohlen-Gasanstalt.

1) 1 Retortenhaus;
2) 1 Kesselhaus;
3) 1 Maschinenhaus;
4) 2 Kohlenschuppen;
5) 1 Kondensations-Anlage;
6) 1 Reinigungshaus;
7) 1 Regenerations-Schuppen;
8) 1 Ammoniak-Küche;
9) 1 Theer-Behälter;
10) zwei Gasbehälter (Gasometer);
11) 1 Verwaltungs-Gebäude mit kleiner Werkstätte.

g. Die Fettgas-Anstalt.

1) 1 Retortenhaus;
2) 1 Maschinen- und Pumpenhaus;
3) 1 Schuppen für die Sammel-Recipienten;
4) 1 Schuppen für die Aufbewahrung der Oele;
5) 1 Gasbehälter (Gasometer).

h. die Unterführungen.

1) Die Unterführung des Herrenhäuser Dorfweges; überwölbt, rechtwinklig zur Bahnachse, von 8 m lichter Weite;
2) die Unterführung des Güter-Ausfahrtgleises; mit eisernem Ueberbau, schiefwinklig zur Bahnachse, von 4 m rechtwinkliger lichter Weite;
3) die Unterführung der Werkstätten-Gleise; schiefwinklig zur Bahnachse, zwei Oeffnungen von je 4 m rechtwinkliger lichter Weite, mit eisernem Ueberbau;
4) die Unterführung des Burgweges; rechtwinklig zur Bahnachse, von 6 m Weite, mit eisernem Ueberbau;
5) die Unterführung des Engelbosteler Dammes; schiefwinklig zur Bahnachse, von X m rechtwinkliger lichter Weite, mit eisernem Ueberbau;
6) die Unterführung des Hainhölzer Feldweges; rechtwinklig zur Bahnachse, überwölbt, von 5 m Weite;
7) die Unterführung zur Einführung der Gütergleise der früher beabsichtigten Linie Hannover-Harburg; schiefwinklig zur Bahnachse, mit eisernem Ueberbau, von 8 m rechtwinkliger Weite;
8) die Unterführung der Sandstraße; rechtwinklig zur Bahnachse, mit eisernem Ueberbau, von 10 m Weite;
9) die Unterführung der Vahrenwalder Straße; schiefwinklig zur Bahnachse, von 20 m rechtwinkliger Weite, mit eisernem Ueberbau;
10 die Unterführung der Coller Straße; schiefwinklig zur Bahnachse, von 14,3 m rechtwinkliger Weite, mit eisernem Ueberbau;
11) die Unterführung der Feruroder Straße; rechtwinklig zur Bahnachse, von 12 m Weite, mit eisernem Ueberbau;
12) die Unterführung zwischen dem Posthause und dem Empfangs-Gebäude; rechtwinklig zur Bahnachse, gewölbt, von 15 m Weite;

---

13) die Unterführung zwischen dem Empfangs- und dem Eisenbahn-Betriebs-Amts-Gebäude; rechtwinklig zur Bahnachse, gewölbt, von 12 m Weite;
14) die Unterführung der König-Straße; rechtwinklig zur Bahnachse, gewölbt, von 16 m Weite;
15) die Unterführung der Straße „Am Schiffgraben"; schiefwinklig zur Bahnachse, von 15 m rechtwinkliger Weite, mit eisernem Ueberbau;
16) die Unterführung der Kirchwender-Straße; schiefwinklig zur Bahnachse, von 6 m rechtwinkliger Weite, mit eisernem Ueberbau;
17) die Unterführung der Gutenberg-Straße; schiefwinklig zur Bahnachse, von 12 m rechtwinkliger Weite, mit eisernem Ueberbau;
18) die Unterführung der Bultstraße; rechtwinklig zur Bahnachse, von 8 m Weite, mit eisernem Ueberbau;
19) die Unterführung der Stadt-Straße; rechtwinklig zur Bahnachse gerichtet, von 8 m Weite, mit eisernem Ueberbau;
20) die Unterführung des Misburger Dammes; schiefwinklig zur Bahnachse, von 15 m rechtwinkliger Weite mit eisernem Ueberbau;
21) die Unterführung der Altenbekener Gütergleise; schiefwinklig zur Bahnachse, von 9,1 m rechtwinkliger Weite, mit eisernem Ueberbau;
22) die Unterführung des Bischofsholer Dammes; rechtwinklig zur Bahnachse, von 10 m Weite, mit eisernem Ueberbau.

i. die Fußgänger-Brücken.

1) Die Fußgänger-Brücke am Burgwege über die Rangir-Gleise; 2 m breit, mit eisernem Ueberbau; 3 Oeffnungen von je 8,5 m Weite;
2) die Fußgänger-Brücke an der Sandstraße über die nach dem Güterbahnhofe führenden Gleise; 2,1 m breit, mit eisernem Ueberbau; 2 Oeffnungen von je 14 m, 1 Oeffnung von 10 m und 1 Oeffnung von 11 m Weite.

k 1800 lfd. m Futtermauern.

l. die Gleis-Anlagen.

1) Etwa 64 700 lfd. m Gleise;
2) 144 einfache Weichen;
3) 4 dreitheilige Weichen;
4) 6 Kreuzungen;
5) 11 halbe englische Weichen;
6) 11 ganze englische Weichen;
7) 41 Drehscheiben;
8) 3 Schiebebühnen;
9) 68 Prellböcke;
10) 5 Centesimal-Waagen.

Wie oben bereits erwähnt, ist die Beschreibung der baulichen Anlagen des Werkstätten-Bahnhofes Leinhausen in dieser Zeitschrift 1878, S. 23; 1884, S. 553, veröffentlicht worden. Die nachstehende Bearbeitung beschränkt sich zunächst auf die Beschreibung der Anlagen des Personen-Bahnhofes und einiger anderen bemerkenswerthen Bauwerke.

C. Personen-Bahnhof (Nord-Bahnhof).

1. Gleis-Anlage.

Der Bahnhof Hannover hat den Verkehr zweier wichtigen Eisenbahn-Linien, nämlich der von Köln nach Berlin (von Westen nach Osten) und der von Frankfurt a. M. nach Hamburg, bezw. Bremen (von Süden nach Norden) zu vermitteln (s. Bl. 2, Fig. 6). Außerdem war es Aufgabe, den Verkehr der Hannover-Altenbekener Eisenbahn, welche ursprünglich als selb-

ständigen Unternehmen mit einem besonderen, vom
Central-Bahnhofe ziemlich entlegenen Bahnhofe bei
Hannover ausgeführt war, in den neuen Bahnhof mit
aufzunehmen. Als der Entwurf für den Umbau des
Bahnhofes festgestellt wurde und der Umbau begann,
bestand auch die Absicht, zur Abkürzung der Entfernung von Hannover nach Harburg und zur Ent-
lastung der vorhandenen Linie von Hannover über
Lehrte, Celle, Uelzen und Lüneburg nach Harburg
eine direkte Linie von Hannover über Walsrode nach
Harburg zu bauen, welche naturgemäß von der Westseite her in den Bahnhof Hannover eingeführt worden
wäre. Für diese Linie wäre der Bahnhof Hannover
in der Richtung auf Frankfurt, Durchgangs-Bahnhof
geworden, wie Fig. 5, Bl. 2 es veranschaulicht. Es
war dabei angenommen, dass die Linie Frankfurt a. M.-
Hamburg westlich vom Personen-Bahnhofe mittels
eines, in der Skizze punktirt angedeuteten Viaduktes
über alle Köln-Berliner Bahn und die Gütergleise hin-
weggeführt, eine Schienen-Kreuzung dieser beiden
Bahnen sowie der Gütergleise unter sich also vermieden
werden sollte. In der Skizze sind die Personengleise
durch starke Linien, die Gütergleise durch schwächere
Linien angedeutet.

Der Plan einer direkten Eisenbahn Hannover-
Walsrode-Harburg ist, späteren Bestimmungen zufolge,
nicht zur Ausführung gekommen. Die Züge von Hamburg werden daher aus östlicher Richtung (von Lehrte
her) in den Bahnhof Hannover eingeführt, so dass für
die Züge Hamburg-Frankfurt a. M. der Bahnhof Hannover
zur Zeit Kopfstation geworden ist.

Die beiden Hauptlinien sind doppelgleisig, während
die Hannover-Altenbekener Bahn zur Zeit im Oberbaue
nur eingleisig hergestellt ist. Letztere wird indess
demnächst wahrscheinlich ebenfalls zwei Gleise erhalten.

Die Anordnung der Gleise auf dem Personen-
Bahnhofe Hannover ist im Wesentlichen folgende
(siehe Blatt 4): Zunächst dem Empfangs-Gebäude
liegen die beiden Gleise der Hannover-Altenbekener
Bahn, zwischen sich einen 11,75 m (von Mitte Gleis zu
Mitte Gleis) breiten Perron einschliessend; darauf
folgen, nördlich davon, die beiden Gleise der Linie
Frankfurt a. M.-Hamburg, mit einem 13 m breiten Perron;
dann zwei Gütergleise; nördlich von diesen zwei Gleise
für die Linie Köln-Berlin, mit einem 20,5 m breiten
Perron; endlich als Letztes, nördliches Gleis ein An-
knupftsgleis für die Züge aus Braunschweig, welche in
Lehrte auf die Köln-Berliner Gleise übergehen und
selbständig in den Bahnhof Hannover eingeführt werden.

II. Empfangs-Gebäude.

a. Gesammt-Anordnung.

Das an der Stelle des früheren Bahnhofs-Gebäudes
am Ernst August-Platze errichtete, aus einem Mittelbaue und zwei Eckbauten mit von diesen eingeschlos-
senen Zwischenbauten bestehende Empfangs-Gebäude

ist auf den Blättern 3 bis 11 in der Ansicht, in Grund-
rissen, Durchschnitten usw. dargestellt.

Dies Gebäude ist nach den Entwürfen des Pro-
fessors Hubert Stier in Ziegel-Reinbau ausgeführt.
Die Aussenwände sind mit Greppiner Ziegeln von gel-
ber Farbe, unter angemessener Verwendung von Terra-
kotten, welche gleichfalls von den Greppiner Werken
bezogen wurden, verkleidet. Die Gesimse und feineren
Architektur-Theile sind grösstentheils aus einem licht-
grauen, feinkörnigen, sehr festen Sandsteine aus den
Brüchen bei Mehle und bei Obernkirchen hergestellt,
und aus diesem Brüchen ist auch das Material der
Sockel und des unteren Theiles des Mittelbaues bezogen.

Das Gebäude, welches eine Gesammt-Länge von
172,9 m und eine Tiefe von 27,44 m in den Eckbauten
besitzt, ist (mit Ausnahme des Mittelhauses) unterkellert
und mit Schiefer gedeckt.

Die sämmtlichen von den Reisenden zu benutzenden
Räume (Fahrkarten-Verkauf, Gepäck-Annahme und
Ausgabe, Wartesäle usw.) sind in der Höhe des angrenzenden Ernst August-Platzes angeordnet. Zur Verbindung mit den hoch liegenden Perrons sind, im An-
schlusse an die Flur im Mittelbaue und an die Wartesäle, Tunnel angelegt, welche unter den Gleisen hin-
führen und von denen aus die Perrons mit Treppen
ersteigen werden.

b. Fahrkarten-Verkauf, Gepäck-Abfertigung und Wartesäle.

Den Mittelbau des Gebäudes nimmt eine 30,8
× 20,44 m in der Grundfläche haltende, 18,2 m hohe
Flur (Vestibule) ein, in welcher ein frei stehendes,
aus Eisenholz hergestelltes, dunkel gebeiztes Fahr-
kartenschalter-Häuschen (vgl. 1886, S. 38) eingebaut ist. Die Perspektive (Blatt 8, Fig. 2) giebt
eine Darstellung der inneren Architektur der Flur.

Unmittelbar anschliessend an die Flur, liegt rechts
die Gepäck-Annahme und links die Gepäck-Ausgabe.
Neben diesen Räumen, welche 19,1 m lang, 14,74 m tief
und 11,3 m hoch sind, liegen Zimmer für Pförtner, für
Arbeiter und für die Beamten der Gepäck-Abfertigung.
Durch Aufstellung 2,2 m hoher Holzwände, welche
durch freistehende, im Boden verankerte, eiserne Säulen
Halt bekommen, sind von den Gepäckräumen 4,5 m
breite Gänge abgetrennt, mittels deren man rechts
(östlich) zu den Wartesälen I. und II. Klasse, links
(westlich) zu den Wartesälen III. und IV. Klasse
gelangt.

Die Aufenthalts-Räume für die Reisenden I. und
II. Klasse bestehen in einem Wartesaale von 11,19
× 13,74 m Grundfläche und 11,3 m Höhe, einem daneben
belegenen, von einem Wartesaale durch Säulen getrennten
Speisesaale von 20,15 × 13,74 m Grundfläche und
der Höhe des Wartesaales, sowie einem, durch Oberlicht erleuchteten, an der Bahnseite neben dem Wartesaale liegenden Damenzimmer von 12,90 × 4,55 m
Grundfläche und 5,1 m Höhe. Die Perspektive auf

Blatt H, Fig. 1, bringt die innere Architektur des Warte-saales I. und II. Klasse zur Darstellung.

Die Aufenthalts-Räume für die Reisenden III. und IV. Klasse bestehen in einem 12,63 × 20 " grossen, 11,3 " hohen Saale (IV. Klasse), und einem daran stossenden Saale von 19,61 " Länge, 14,70 " Breite und 11,3 " Höhe (III. Klasse), nebst daneben belegenem, durch Oberlicht erhelltem Damen-Zimmer von 5,1 × 4,55 " Grundfläche bei 4,3 " Höhe. Von dem Wartesaale IV. Klasse ist durch eine frei stehende, 2,2 " hohe Bretterwand (in ähnlicher Weise wie von dem Gepäck-Annahme-Lokale) ein Raum von 4,3 " Breite abgetrennt, welcher als Zugang zu dem Wartesaale III. Klasse dient.

c. Personen-Tunnel.

Jede Gruppe von Wartesälen mündet auf einen durch Oberlicht erhellten Lichthof von 12,65 × 4,55 " Grundfläche. Von diesem führt je ein 4 " weiter Tunnel unter den Bahnhofs-Gleisen hinweg zu 3,25 " breiten Treppen, welche den Zugang zu den Perrons vermitteln. Zur unmittelbaren Verbindung der Flur mit den Perrons ist rechtwinklig zur Längenachse des Gebäudes ein 7 " weiter Tunnel angelegt, von welchem aus ebenfalls Treppen zu den Perrons hinaufführen.

Die Höhe dieser Tunnel (Blatt 11), welche durch ½ Stein starke Kappen überwölbt sind, beträgt 2,58 bezw. 2.47 " vom Fussboden bis zum Kämpfer-Anfange. Zur Ueberführung der Gleise sind, da die Stärke der Gewölbe zum Tragen ersterer nicht genügt, eiserne Zwillingsträger, welche zwischen sich die Schienen tragen, über die Tunnel gelegt. Der mittlere Tunnel ist ausserdem zur Verringerung der Spannweite durch eine Säulenreihe der Länge nach in zwei gleiche Theile getheilt. Die Erhellung der Tunnel geschieht durch runde, in die Oberfläche der Perrons eingelegte, bezw. zwischen den Gleisen liegende, runde Oberlichter, welche aus 4 " dicken, auf einer Seite matt geschliffenen Rohglaus hergestellt sind, sowie durch das durch die Treppenöffnungen einfallende directe Licht.

Die Tunnelwände, sowie die Wände der vor den Tunneln liegenden Lichthöfe und der nach den Perrons hinaufführenden Treppen sind mit glasirten weissen, durch blassrothe Einsätze verzierten Mettlacher Stein-zeug-Fliesen verkleidet, welche die Helligkeit bedeutend erhöhen und den Tunneln ein freundliches Aussehen geben.

d. Gepäck-Tunnel.

Zur Beförderung des Gepäckes von der Gepäck-Annahme nach den Perrons bezw. von den Perrons nach der Gepäck-Ausgabe sind unter den Gleisen halb-kreisförmig gewölbte Tunnel, welche durch Oberlichter erhellt sind, hergestellt; die Breite dieser Tunnel in der Sohle beträgt 5 ", deren Höhe in der Mitte 2,6 ". Der Querschnitt dieser Tunnel ist aus dem Längen-schnitte, Blatt 6, Fig. 4, ersichtlich. Die Stärke des Gewölbes im Scheitel beträgt 0,51 ".

Die Hebung des Gepäckes auf Perronhöhe, sowie die umgekehrte Bewegung geschieht durch Wasser-druck-Hebewerke, deren Anordnung weiter unten beschrieben ist.

e. Gepäck-Perrons.

Zur Beförderung des Gepäckes auf dem Bahnhofs-planum sind zwischen dem Hannover-Altenbekener und dem Hamburg-Frankfurter Perron, sowie zwischen dem Köln-Berliner und dem Braunschweiger Perron beson-dere Perrons von 7 " Breite (von Gleismitte zu Gleis-mitte gerechnet) hergerichtet; auf diese münden einer-seits die schon erwähnten Gepäck-Hebewerke, andererseits die Rampen, welche von dem Post- und Eilgut-Tunnel nach dem Bahnhofs-Planum hinaufführen. Durch diese Gepäck-Perrons, deren Lage aus dem Grundrisse, Blatt 4, ersichtlich ist, wird eine wesent-liche Verringerung der Belästigung der Reisenden durch den Gepäckverkehr bewirkt.

f. Diensträume.

Der westliche Eckbau des Empfangs-Gebäudes enthält die erforderlichen Diensträume und Wohnungen für den Bahnhofs-Vorsteher und einen Assistenten.

g. Fürstliche Empfangszimmer.

Im östlichen Eckbaue des Bahnhofs-Gebäudes sind die Empfangsräume für fürstliche Herrschaften ange-ordnet (s. Bl. 3). Dieselben bestehen aus einem Saale von 9,3 × 9,3 " Grundfläche und 6,1 " Höhe, einem daran schliessenden Damenzimmer von 4,3 × 4,4 " Grund-fläche, einem Herrenzimmer von 4,85 × 4,4 " Grund-fläche, zwei getrennten Toiletten und einem Zimmer für das Gefolge.

Die Wände des Saales sind mit gelbem, die Wand-säulen mit dunkelgrünem Stuckmarmor bekleidet. Die gewölbte Decke ist in feinem Gipsputz ausgeführt (s. d. Lichtdruck, Bl. 10).

Die fürstlichen Empfangsräume hat man etwas erhöht über dem Erdboden des Bahnhofsplatzes an-geordnet, um einestheils die Steigung der von ihnen zu den Perrons führenden Treppe zu ermässigen, an-derernteils aber unter denselben genügende Höhe für die Wirthschaftsräume des Wirthes zu gewinnen.

h. Sitzungs-Saal.

Ueber den fürstlichen Warteräumen befindet sich ein durch drei grosse Seitenfenster und ein Oberlicht erhellter, 13,45 × 13,4 " grosser, 7,8 " hoher Saal, wel-cher zur Abhaltung grösserer Versammlungen bestimmt ist und zu welchem von der Flur der fürstlichen Warte-räume eine eiserne Treppe hinaufführt. Neben diesem Saale befinden sich verschiedene kleinere Räume unter-geordneter Bedeutung, welche zu Dienstzwecken, als Kleider-Ablegeräume usw. benutzt werden.

i. Heizung.

Die Erwärmung der sämmtlichen Räume des Em-pfangs-Gebäudes, mit Ausnahme der durch Oefen geheizten Wohnungen und einzelner Betriebsräume, sowie der Räume des Wirthes, erfolgt durch Feuer-Luft-heizung. Zu dem Ende sind im Kellergeschosse eiserne, durch Kohlenfeuerung erwärmte und mit Aus-strahlungsrippen versehene Heizkästen aufgestellt und mit besonderen Luftkammern, in denen die zuströmende Luft erwärmt wird, umgeben. Die Luftheizöfen, welche von dem Geschäftshause Kietschel & Henneberg zu Berlin ausgeführt worden sind, befinden sich gerade unter den zu heizenden Räumen, so dass durch Kanäle auf kürzestem Wege die erwärmte Luft in diese Räume und die abgekühlte Luft zurück zu den Oefen gelangen kann. Diejenigen Räume, bei denen der zufällige Luft-wechsel durch Thüren und Fenster nicht genügend er-schien, sind mit besonderen Lüftungsschächten für die Abluft versehen.

Die fürstlichen Empfangsräume werden durch zwei Luftheizöfen erwärmt, die Wartesäle I. und II. Klasse ebenso, das Damenzimmer und die Gepäck-Annahme durch einen Luftheizofen, die Flur durch zwei solcher Oefen, die Gepäck-Ausgabe, die Wartesäle III. und IV. Klasse ebenso, und die verschiedenen Betriebs-räume des westlichen Eckbaues sind ebenfalls mit zwei Luftheizöfen versehen.

Die Kosten der Luftheizungs-Anlage mit Ausschluss der Maurerarbeiten betragen 55 ℳ für 10) ᶜᵐ gebeizten Raumes.

III. Perron-Anlagen.

a. Aborte.

An den, die Eingänge zu den Personen-Tunneln vermittelnden Vorräumen und Lichthöfen, sind unter den Perrons durch Oberlichter erhellte Aborte, deren Wände mit glasirten hellfarbigen Fliesen bekleidet und von denen diejenigen, welche neben den Personen-Tunneln 1. und 2. Klasse liegen, zugleich mit Wasch-und Toilette-Räumen verbunden sind. Außer diesen zu ebener Erde belegenen Aborten am Empfangs-Ge-bäude sind auf den Perrons freistehende, mit eisernen Umfassungswänden ausgeführte und mit Oberlicht ver-sehene Aborte aufgestellt (s. Bl. 14, Fig. 6—12), u. zw. je einer auf dem westlichen und östlichen Ende des Köln-Berliner Perrons und einer auf dem westlichen Ende des Hamburg-Frankfurter Perrons.

Eine genaue Beschreibung dieser Aborte ist im Organ für die Fortschritte des Eisenbahnwesens 1881, S. 105 gegeben. Es wird deshalb hier nur noch bemerkt, dass durch reichliche Spülung mit Wasser, welches vor dem Gebrauche mit einer desinficirenden Masse gemischt wird, sowohl vollständige Reinlichkeit wie auch Geruchlosigkeit erzielt ist.

Das mit den Abortstoffen vermischte Spülwasser gelangt durch ein im Keller des Empfangs-Gebäudes geführtes Sammelrohr zu einer außerhalb des Empfangs-Gebäudes belegenen, aus mehreren Abtheilungen be-stehenden Klärgrube (s. Bl. 14, Fig. 11 u. 12), in welchem sich die festen Theile ablagern, die flüssigen

dagegen, vollständig desinficirt, in die städtischen Kanäle ablaufen.

Die Perron-Aborte, welche je 2 Sitze für Herren und 5 Pissoirstände, sowie 4 Sitze für Damen ent-halten, haben, ausschl. der Desinfektions-Einrichtung und der Wasser- Zu- und Ableitung, jedoch einschl. der inneren Einrichtung, 7125 ℳ f. d. Stück gekostet.

b. Perrons.

Die Perrons, deren Oberfläche 0,21 ᵐ über Schienen-Oberkante liegt, sind mit einer Quader-Reihe ein-gefasst und in der oberen Fläche theils mit Asphalt befestigt, theils mit einer 12 ᵐ starken Decke von Cement-Beton, welcher in den unteren Lagen aus 8 Theilen Kies auf 1 Theil Cement, oben dagegen aus einer 2 ᵐ starken Schicht von reinem Cement besteht, versehen. Die Kosten beider Befestigungsarten haben sich nahezu gleichgestellt.

c. Perron-Speisesaal.

Für die Reisenden der am Köln-Berliner Perron anlaufenden Schnell- und Courierzüge würde die Be-nutzung des Speisesaales im Empfangs-Gebäude, mit Rücksicht auf die nicht unbeträchtliche Entfernung desselben von dem Perron und auf den nur beschränkten Aufenthalt der betreffenden Züge in Hannover, mit Unannehmlichkeiten verbunden sein. Es ist deshalb auf dem Köln-Berliner Perron ein Speisesaal errichtet, in welchem zu gleicher Zeit 80 Personen Platz finden können.

Die Umfassungswände dieses Speisesaales, welcher auf Bl. 14, Fig. 1—5, sowie auf Bl. 15 in den Ansichten, im Grundrisse und Durchschnitte nebst einigen Einzel-heiten dargestellt ist, sind aus Eisen mit innerer Holz-verkleidung hergestellt. Durch eine Mittelwand mit Flügelthür ist der ganze Raum in 2 Hälften getheilt, so dass es möglich ist, bei geringerem Verkehre nur eine Hälfte des Speisesaales benutzen zu können.

Die auf jeder Langseite des Speisesaales befind-lichen, selbstthätig sich schließenden, nach außen und innen sich öffnenden Doppelthüren führen vom Perron in den Speisesaal. Die sehr einfache Einrichtung zum Zufallen der Thüre besteht darin, dass Letztere sich um einen der beiden, am Fuße derselben excentrisch angebrachten Drehzapfen, welche sich gegen Pfannen in der Wendesäule legen, dreht, und ein an der Unter-seite der Thür befindlicher senkrechter, in einer Nuthe laufender Stift die Führung der Thür übernimmt. Die eigene Schwere der Thür bewirkt wegen der Excentri-cität des Drehpunktes das Zufallen derselben.

Die Decke des Speisesaales wird getragen durch vier eiserne Binder, bestehend aus zwei bogenförmigen Winkeleisen 52 × 52 × 6 ᵐᵐ Querschnitt und 1,25 ᵐ Pfeilhöhe, deren Enden durch eine Zugstange von 22 ᵐᵐ Durchmesser mit einander verbunden sind.

Zur Absteifung der Binder gegen einander und zur weiteren Ueberdeckung des Raumes dienen Hölzer, welche auf die Winkeleisen gelegt sind, und an deren

Unterseite die innere Holzdecke befestigt ist, während
auf denselben (der Warmhaltung wegen) ebenfalls eine
Holzverschalung und darüber die äußere Metallblech-
decke sich befinden.

Die Heizung des Speisesaales geschieht durch
Umlauf-Luftheizung mittels zweier Luftheizöfen, welche
unter dem Speisesaale aufgestellt sind.

Unter dem Speisesaale und mit demselben durch
eine Treppe verbunden befinden sich die, in dem Grundrisse auf Bl. 3 näher bezeichneten Räume für den
Wirth. Ein Ausgang aus diesen Räumen führt auf der
Nordseite des Bahnhofes ins Freie.

Die Kosten der Speisehalle, einschl. der inneren
Einrichtung, jedoch ausschl. der Wirthschafteräume, betragen rund 29000 M., bei 162 qm Grundfläche also
179 M. f. d. qm, und bei 970 cbm Inhalte 30 M. f. d. cbm.

d. Perronhallen.

Die Perrons sind durch zwei Hallen von je 37,12 m
Spannweite und 167,5 m Länge überdacht (s. Bl. 7,
Fig. 4; Bl. 16 u. 17); der Raum über den beiden
Gütergleisen ist jedoch in einer Breite von 9,25 m
größtentheils frei gelassen, um dem Rauche der Lokomotiven dieser Züge, welche den Personen-Bahnhof
ohne Aufenthalt durchfahren, freien Abzug zu gewähren.

Die südliche Perronhalle schließt nicht unmittelbar an das Empfangs-Gebäude, vielmehr steht die südliche Säulenreihe in 4,15 m Entfernung von der Nord-
wand desselben. Es ist dies geschehen, um den
beiden großen Hallen gleiche Spannweite zu geben.
Die Ueberdeckung dieses Zwischenraumes geschieht
durch kleine Binder aus Fachwerk mit gebogener
unterer Gurtung, welche das über diesem Raume an-
geordnete Oberlicht tragen.

Die Hallen sind größtentheils mit Wellblech von
150 mm Wellenlänge, 45 mm Tiefe und 1 mm Stärke gedeckt, auf 1/3.4 der Grundfläche aber befindet sich
Glas-Bedachung (s. Fig. 1, Bl. 17). Dieses Dach wird
von steifen Blechbögen (ohne Scheitelgelenk) getragen,
deren Schub durch Zugstangen aufgenommen wird.
Die Bögen ruhen dann wiederum auf kräftigen Guss-
eisen-Säulen von 7 m Höhe. Die Bögen sind durch
eiserne Pfetten mit einander verbunden, auf welchen
das Wellblech, bezw. die Glas-Bedachung befestigt ist.

Die Längshallen werden in der Mitte durch eine
gleich hohe, 38,46 m weite Querhalle durchbrochen,
deren Durchschneidung mit den Längshallen zwei
nahezu quadratische, kreuzgewölbe-artige Vierungen
bildet. Jede derselben hat vier Bögen über den Recht-
eckseiten und zwei Diagonal-Gratbögen von 53,46 m
Spannweite, zwischen welche sich kürzere, den oberen
Theilen der Längshallen-Bögen entsprechende flache
Bögen einschichten. Diese Querhalle läuft ununterbrochen über sämmtliche Perrons und Gleise in 91,96 m
Länge fort. Sie hat den Zweck, die ganze Hallen-
Anlage freier zu gestalten, besonders aber die beiden
Längshallen kräftig gegen einander abzusteifen.

Ueber jedem der beiden seitlichen Personen-Tunnel
ist (zum Schutze der Tunneldecke gegen Regen) der
Seblitz zwischen beiden Längshallen auf eine Länge
von drei Binder-Theilungen (3 · 6,73 = 20,19 m) durch
ein einfaches Wellblech-Bogendach geschlossen.

Die Längshallen haben, der Achsentheilung des
Empfangs-Gebäudes entsprechend, 6,73 m Binder-Ent-
fernung; nur an den Enden befindet sich je ein
schmaleres Feld von 3,85 m Binder-Abstand, u. zw.
trägt der letzte Binder die eingehängte Glas-Abschluss-
wand. Die Auflagerzapfen der Binder liegen 7,1 m
über Schienen-Oberkante, u. zw. sind die den Gütergleisen zunächst liegenden Auflager fest, alle übrigen
als Rollen-Auflager angeordnet.

Der Regel-Binder der Längshallen (s. Bl. 16)
besteht aus einer Blechwand von 1 m Stärke und 40 m
Höhe, gesäumt mit vier Winkeleisen von 85 × 85 × 12 mm.
Die Mittellinie des Binders ist nach einem Kreisbogen
von 37,12 m Spannweite und 7,22 m Pfeilhöhe geformt.
Der wagerechte Schub des Bogens wird durch eine
6 mm starke Rundeisen-Stange aufgenommen.

Für die Berechnung sind folgende Belastungen angenommen:

	F. d. qm der	
	Wellblech-Dachfläche	Oberlicht-Dachfläche
Bleibende Last:		
1) Gewicht der Binder	27 kg	27 kg
2) „ der Pfetten	18 kg	13 kg
3) „ des Wellbleche	10 kg	—
4) „ des Oberlichtes	—	60 kg
Zusammen..	55 kg	100 kg
Bewegliche Last:		
Schnee	60 kg	60 kg
Im Ganzen..	115 kg	150 kg

Außerdem ist der Druck des (wagerecht wirkend angenom-
menen) Windes auf 1 qm rechtwinklig getroffene Fläche mit
125 kg, auf d. qm oder gegen die Wagerechte um den Winkel α
geneigte Fläche mit 125 · sin² α in Rechnung geführt.
Unter diesen Annahmen ist die stärkste Inanspruchnahme des Schmiedeeisens zu etwa 300 kg berechnet.

Die Endbinder der Längshallen haben, wie
schon erwähnt, senkrechte Glas-Abschlüsse zu tragen,
zu deren Absteifung kräftige senkrechte Rippen erforderlich sind. Um diese gut an den Binder an-
schließen zu können, hat man letztere aus zwei senkrechten, in 24 mm Abstand angeordneten Blechwänden
von 40 mm Höhe und 1 mm Stärke hergestellt, welche
nur an den einander abgewandten Rändern mit (im
Ganzen vier) Winkeleisen von 85 × 85 × 10 mm gesäumt sind.

Die schmalen Endfelder der Längshallen sind
durch kräftige Verankerungen der Säulen unter einander, sowie durch Diagonal-Verstrebungen zwischen
den Bindern versteift und sichern dadurch die ganze
Halle gegen Winddruck in der Längenrichtung.

2

Pfetten. Auf den bogenförmigen Dachbindern sind Pfetten in 2 m Abstand von einander angebracht. Dieselben bestehen abwechselnd aus Theilen von 8,73 m Länge, welche je zwei Binder (von 6,73 m Abstand) fest mit einander verbinden (also um je 1 m darüber hinaus ragen), sowie aus drehbar und verschieblich eingehängten Zwischenstücken von 4,73 m Länge. Die Pfetten sind demnach zusammenhängende Gelenkträger, u. zw. sind bei den gewählten Verhältnissen die größten Momente in den Mitten der einzelnen Pfettentheile und an den Auflagerstellen der 8,73 m langen Stücke annähernd von gleicher Größe. — Die Firstpfetten bestehen aus ⊥-Eisen von 15 cm Höhe, 8 cm Flanschbreite und durchweg 8 mm Eisenstärke. Die übrigen Pfetten haben ⌐-förmigen Querschnitt von denselben Maßen.

Soweit die Bedachung aus Wellblech besteht, sind sämmtliche Pfetten in der Mitte der 6,73 m weiten Binderfelder mittels Rundeisen derartig mit einander verbunden, dass die genaue Nachstellung der Abstände durch Schraubenmuttern ermöglicht wurde. In den mit Glasdachung versehenen Theilen bilden die Rinnen-Winkeleisen eine sichere Verspannung der Pfetten.

Das Querschiff. Die Binder a desselben (s. Fig. 1, Bl. 17) haben 34,44 m Spannweite und tragen eine Belastungsfläche von 7,11 m Breite. Der Querschnitt des Regel-Binders der Längshallen genügte hier nicht, vielmehr wurde derselbe durch eine oben und unten hinzugefügte Gurtungsplatte von 18 × 1,5 cm verstärkt.

Die Binder b des Querschiffes haben ebenfalls 34,44 m Spannweite, aber eine schmalere Belastungsfläche, so dass für sie der Querschnitt des Regel-Binders benutzt werden konnte.

Die Diagonal-Binder d (s. Fig. 1, Bl. 17) haben 53,44 m Spannweite bei 7,11 m Pfeilhöhe erhalten; dieselben bestehen aus einer 62 cm hohen Blechwand von 1 cm Stärke, gesäumt mit vier Winkeleisen von 10 × 10 × 1 cm und einer Gurtungsplatte (oben und unten) von 21 × 1 cm Querschnitt.

Die vier Endpunkte je zweier zusammengehöriger Diagonal-Binder sind durch vier, ein Rechteck bildende, hochkantige Flacheisen-Paare von 35 cm Höhe und je 1,2 cm für das Paar also 2,4 cm) Stärke verbunden. Diese Zugbänder haben den Schub der Diagonal-Binder, zugleich aber auch den Schub derjenigen Längs- und Querbinder, in deren senkrechten Ebenen sie liegen, aufzunehmen.

Die Säulen. Die oben mit festen Binder-Auflagern versehenen Säulen haben die Last des Dachwerkes, sowie den Winddruck gegen das Dach aufzunehmen; sie haben daher rechteckig verbreiterte Fußplatten erhalten und stützen sich mit diesen auf breite Mauerkörper. Die Höhe der Säulen von der Fußplatte bis zum Auflager-Gelenke der Dachbinder beträgt 7 m.

Für die Säulen der Längshallen entsteht die ungünstigste Beanspruchung, wenn das Dach ohne Schneelast dem vollen Wind-Drucke ausgesetzt ist; am Kopfe der Säule wirkt dann eine senkrechte Kraft von 15 t, eine wagerechte von 1,15 t. Die Säulen haben unten 40 cm, oben 30 cm äußeren Durchmesser, bei 2,2 cm Wandstärke; obige Kräfte erzeugen dann eine Inanspruchnahme von 473 m auf Druck und 363 m auf Zug.

Die Säulen unter den Diagonal-Bindern erhalten im ungünstigsten Falle 46 t senkrechte Last, 3 t wagerechten Druck; dieselben haben unten 50 cm, oben 40 cm äußeren Durchmesser bei 3 cm Wandstärke und werden mit 531 m Druck, 323 m Zug beansprucht.

Für die Glas-Bedachung hat man über die Pfetten in Entfernungen von 1,39 m je ein Paar Winkeleisen gelegt, auf welchem Sprossen-Eisen mittels besonderer Laschen so angenietet sind, dass je zwei derselben einen Sattel bilden (s. Bl. 16, Fig. 10—12). Auf diesem Sprossen liegt das in Kitt gebettete Glas; eine Zink-Kappe schließt die First der so gebildeten Sättel, während eine, zwischen die erstgenannten Winkeleisen gelegte Zink-Rinne die Abführung des Wassers bewirkt.

Die Anordnung hat sich bis jetzt gut bewährt; namentlich ist ein Auftreten von Tropfwasser (von den Oberlichtern herrührend) nicht beobachtet worden.

Die Aufstellung der südlichen Halle geschah mittels eines auf Schienen fahrbaren Holzgerüstes, die der nördlichen Halle dagegen auf eine einfachere und billigere Weise: Zur Aufstellung eines Binders, welcher auf dem Boden vollständig fertig zusammengesetzt wurde, dienten nämlich, wie aus der Skizze auf Bl. 17, Fig. 2 ersichtlich, zwei auf Schienen fahrbare Hebekrähne und an der Mitte des Binders ein dritter Krahn, mittels deren die Binder hinaufgezogen und an ihre Stelle gebracht wurden. Das Aufwinden und Aufstellen der Binder dauerte in der Regel nicht länger als 20—30 Minuten.

Zur Hebung des mittleren Theiles des Hallendaches, dessen Hauptbtheile, wie aus der Skizze Bl. 17, Fig. 3 ersichtlich, auf dem Boden fertig zusammengesetzt waren, wurde eine ebenso einfache Vorrichtung angewendet: 9 aus je 4 stark geneigten Gerüstbäumen zusammengesetzte Böcke, welche durch seitliche Versteifungen (der Deutlichkeit wegen in der Zeichnung fortgelassen) gegen Umstürzen gesichert waren, erhielten in einer Höhe, welche die Höhenlage des Daches um ein geringes Maß überstieg, einen wagerechten Boden, auf welchen, durch Walzen in doppelter Lage getragen, eine starke eiserne Platte gelegt war. Diese Platte hatte in der Mitte ein Loch, durch welches stählerne, bis 14 m lange Schrauben mit schwacher Steigung hindurchgesteckt und mittels einer kräftigen Schraubenmutter auf ersteren, als Lager dienenden Eisenplatte aufgehängt waren. Das untere Ende der Schrauben wurde mit dem zu hebenden Dach-

Träger verbunden und die Hebung der gesammten Last durch gleichzeitige Umdrehung der 9 Schraubenmuttern binnen 24 Stunden bewerkstelligt. Mit Hülfe der Walzen, welche unter der erwähnten Eisenplatte lagen, konnte die geringe Verschiebung zur genauen Lagerung der Träger auf den vier Ecksäulen leicht ausgeführt werden.

Die nördliche Längswand der nördlichen Halle ist durch eine Glaswand völlig abgeschlossen (s. Bl. 6. Fig. 4).

Für den Abzug des Rauches ist durch jalousieartige Bleche, welche in den seitlichen Stirn-Dreiecken der Oberlichter angebracht sind, gesorgt.

IV. Die Beleuchtungs-Anlagen auf dem Bahnhofe Hannover.

Mitgetheilt vom Reg.- und Baurath Knoche.)

Die Beleuchtung auf dem Bahnhofe Hannover erfolgt in den Gebäuden, den Tunneln und innerhalb der Gleise mittels Gasflammen, unter den beiden Perron-Hallen aber mittels elektrischer Bogenlampen.

a. Gasbeleuchtung.

Das für die Beleuchtung erforderliche Gas wird in der der Eisenbahn-Verwaltung gehörigen, westlich vor dem Bahnhofe Hannover im Jahre 1878 neu erbauten besonderen Gasanstalt (s. Bl. 2, Fig. 2, dem Rohgüter-Bahnhofe gegenüber) aus westfälischen Steinkohlen hergestellt und mittels gusseiserner Leitungsröhren den Verbrauchsstellen zugeführt.

1) Beschaffung der Kohlen. Die Kohlen werden nur aus solchen Zechen entnommen, welche anerkannt gutes Material für die Gasbereitung liefern können, und die Eisenbahn-Verwaltung verschafft sich jedes Mal vor dem Abschlusse der Lieferungs-Verträge durch wiederholte Probe-Vergasungen genaue Kenntniss davon, welche Kohlen sich am vortheilhaftesten verarbeiten lassen. Diese Lieferungs-Verträge weichen in so fern ganz wesentlich von den entsprechenden Verträgen anderer Gasanstalten ab, als in denselben den Lieferanten die Verpflichtung auferlegt ist, nur solche Kohlen zu liefern, aus denen bei regelrechter Vergasung 29(?)0 Gas f. d. Doppelladung zu 10' gewonnen werden, und es findet die Abrechnung eines solchen Vertrages nach Vollendung der Lieferung in der Weise statt, dass für jede gewonnene 29(?)0 Gas der f. d. Doppelladung Kohlen vereinbarte Geldwerth bezahlt wird.

2) Das Gasanstalts-Gebäude enthält:

a. einen Lagerraum für 250' Kohlen;

b. das Retortenhaus mit 6 Oefen und zusammen 34 Retorten, sowie mit einem Raume zur Anlage von 2 weiteren Oefen zu je 6 Retorten;

c. einen Raum mit 2 Dampfkesseln und Maschinen für den Exhaustor und für die Versorgung der Kondensatoren- u. Kühl-Vorrichtungen mit Wasser;

d. das Reinigungshaus mit 6 Kästen von je 10,36 □ᵐ Flächeninhalt, von denen der erste (Vorreiniger) mit

Sägespänen, jeder der 4 folgenden Kästen mit Rasen-Eisenstein und der letzte (Nachreiniger) mit Kalk gefüllt ist;

e. einen Raum für die Gasuhren und Regulatoren.

In nächster Nähe dieses Gebäudes befinden sich 2 Gasbehälter von je 1000 cᵐ nutzbarem Inhalte; das Gewicht der Glocken erzeugt einen Druck von 85 ᵐᵐ in den Leitungen.

3) Rohrleitungen. Von dem Gasanstalts-Gebäude gehen 2 Hauptrohrleitungen aus; die eine nach dem Werkstätten-Bahnhofe Leinhausen, die andere nach den Bahnhöfen in und bei Hannover (vgl. Bl. 2).

Die letztere Leitung hat zunächst 225 ᵐᵐ lichte Weite und verengt sich sodann, nachdem eine 100 ᵐᵐ weite Leitung für den Rangir-Bahnhof Hainholz abgezweigt ist, auf 180 ᵐᵐ. Von dieser Stammleitung zweigt für den Rohgüter-Bahnhof und für den Güter-Bahnhof je eine 100 ᵐᵐ weite Nebenleitung ab, und die Hauptleitung verengt sich sodann auf 157 ᵐᵐ. In dieser Stärke setzt sie sich fort bis zur Brücke der Königstraßen-Unterführung und führt in Zweig-Leitungen von 80 und 100 ᵐᵐ Weite den sämmtlichen Gleis-, Perron- und Platz-Anlagen, sowie den Gebäuden das erforderliche Gas zu; von der Königstraße bis zur Schiffgraben-Unterführung verengt sich die Leitung auf 130 ᵐᵐ.

Die Zweig-Leitungen sind für je einen abgegrenzten Bezirk des Bahnhofes bezw. für ein Gebäude bestimmt und können kurz hinter der Stammleitung durch Haupthähne einzeln abgestellt werden. Durch diese Einrichtung ist es ermöglicht worden, für den größten Theil der Bezirke während der Tageszeit den Zutritt des Gases in die Vertheilungs-Leitungen abzusperren und somit auf eine sparsame Verwendung des Gases hinzuwirken.

An Zweig-Leitungen sind vorhanden: Je eine

a. für den Bezirk von der Vahrenwalderstraßen- bis zur Collerstraßen-Unterführung, einschl. der auf dem Hagenkampe befindlichen Gebäude für den Lokomotiv-Betrieb;

b. für den Bezirk zwischen den Collerstraßen- und Fernroderstraßen-Unterführung;

c. für die Perrons, einschl. der unter denselben befindlichen Räumlichkeiten;

d. für den Bezirk zwischen der Fernroderstraßen-Unterführung und dem westlichen Hallen-Abschlusse;

e. für den Bezirk von dem östlichen Hallen-Abschlusse bis zur Königstraßen-Unterführung;

f. für den Bezirk zwischen der Königstraßen- und Schiffgraben-Unterführung.

Außerdem haben noch besondere Zweigleitungen:

a. das Postgebäude, 2 Leitungen von 100 ᵐᵐ lichter Weite;

b. das Empfangs-Gebäude, 3 Leitungen von 100 ᵐᵐ Weite;

c. der Bahnhofsplatz (Ernst-August Platz), 4 Leitungen von 80 ᵐᵐ Weite;

d. das Betriebsamts- und das Direktionsgebäude, je eine Leitung von 100 ᵐᵐ Weite;

e. die beiden Dienstwohnungs-Gebäude an der Königstraße und dem Schiffgraben, je eine Leitung von 80 ᵐᵐ Weite.

Die sämmtlichen unterirdischen Rohrleitungen haben rund 43,7 ᵏᵐ, die oberirdischen 16 ᵏᵐ Länge.

2*

4) Lampen und Brenner. Die Beleuchtung im Freien erfolgt im Allgemeinen durch gewöhnliche Schnittbrenner mit einem stündl. Gasverbrauche von 80 bis 150[1], während in den geschlossenen Räumen meistentheils Lampen mit Argand-Brennern und einem stündl. Gasverbrauche von 180—230[1] angebracht sind.

In den letzten Jahren sind auch die Siemens'schen Vorwärmungs- (Regenerativ-) Lampen vielfach zur Einführung gelangt, besonders wurden dieselben zur Erleuchtung des Bahnhofsplatzes, sowie der Warte-säle und der Flur in dem Empfangs-Gebäude verwendet. Auf dem Bahnhofsplatze sind 6 Laternen mit derartigen Lampen (Nr. I) angebracht; Jede derselben hat eine Leuchtfähigkeit von 350 Kerzen und verbraucht stündl. 1800[1] Gas.

In den beiden Wartesälen III. und IV. Klasse, in den Räumen für die Annahme und die Ausgabe des Gepäckes, sowie in der Flur befinden sich 8 gleich große Vorwärmungs-Lampen (Nr. 00) von je 600 Kerzen Lichtstärke und je 2,8[cbm] stündl. Gasverbrauche. Da diese Räume früher durch 160 Argand-Brenner von je 20 Kerzen Lichtstärke und 200[1] stündl. Gasverbrauche erleuchtet wurden, so ist durch die neue Beleuchtung, trotz der erzielten größeren Lichtstärke von zusammen 8·600 — 160·20 = 1600 Kerzen, dennoch eine stündl. Ersparnis von 160·0,2 — 8·2,8 = 12[cbm] Gas erreicht worden.

Diese Beleuchtung hat sich durchweg als sehr gut und angenehm erwiesen; nur der eine Uebelstand wurde beobachtet, dass wegen des, über Jedem Brenner befindlichen, aus Milchglas bestehenden Blend-Schirmes nicht genügende Lichtmassen nach oben ausstrahlen konnten und daher die oberen Theile der im Uebrigen sehr hell erleuchteten Räume (besonders auch deren Decken) sich im tiefen Schatten befanden. Dieser Uebelstand ist jedoch bei der, erst in jüngster Zeit in dem kleineren Theile der Wartesälen I. u. II. Klasse aufgehängten, neuern Vorwärmungs-Lampe vermieden worden, u. zw. dadurch, dass in geringer Höhe über der Flamme ein ringförmiger Metall-Blender angebracht ist, welcher in seinem mittleren offenen Theile eine genügend große Masse von Lichtstrahlen hindurch lässt und so eine kräftige Beleuchtung der Saaldecke bewirkt. Der höher liegende große Blend-Schirm ist hier aus mattem, durchsichtigen Glase hergestellt.

Der größere Theil des Wartesaales wird im Laufe der nächsten Zeit mit zwei gleichen Lampen versehen. Die Lichtstärke jeder dieser Lampen beträgt 600 Kerzen und ihr stündl. Gasverbrauch 2,3[cbm]. Die seitherige Beleuchtung wurde durch 66 Argand-Brenner von je 20 Kerzen Stärke und 200[1] Gasverbrauch bewirkt. Die neue Beleuchtungs-Anlage gewährt daher ein um 480 Kerzen stärkeres Licht und verbraucht dennoch in jeder Stunde 5,1[cbm] weniger Gas als die frühere Anlage.

5) Kosten für das Leuchtgas. Die gesammte Gasmenge, welche von der Gasanstalt in dem Jahre vom 1. April 1884 bis dahin 1885 hergestellt wurde, beträgt 1118500[cbm] und es wurden hiermit 6145 Flammen gespeist; die Lichtstärke betrug während dieses Zeitraumes durchschnittlich 17,3 Kerzen.

Die Kosten betrugen für 100[cbm] fertiges Gas 6,184 M., u. zw. waren die Ausgaben, immer auf 100[cbm] Gas bezogen

1) für die Beschaffung der Kohlen .... 4,430 M,
2) für die Gasbereitung selbst............. 1,074 M,
3) für Ausbesserung der Anstalts-Anlagen 0,463 M,
4) für Zinsen und Tilgung der gesammten Anlagekosten einschl. der Leitungen (10%, des gesammten Anlage-Kapitals), sowie für die allgemeine Verwaltung.......... 3,000 M,
zusammen... 9,161 M,

während die Einnahmen aus den gewonnenen Neben-Erzeugnissen ergaben:

1) aus dem Verkaufe von Koks........... 1,441 M,
2) aus dem Verkaufe von Theer, Gaswasser usw. 1,642 M,
zusammen... 2,983 M.

b. Die elektrische Beleuchtung

außer den beiden Perronhallen wird durch 24 Bogen-Lampen zu je 1000 Kerzen Lichtstärke nach der Anordnung von Siemens & Halske bewirkt.

1) Lampen. Die für gleichgerichtete Ströme von 9 Ampère Stromstärke und 50 Volt Spannung eingerichteten Lampen sind, der leichteren Bedienung wegen, beweglich an je 4, über Rollen laufenden Kupferseilen aufgehängt und durch Gegengewichte ausgeglichen; die Kupferseile dienen hierbei zugleich als Leitung.

Für die beiden Lampen in dem auf dem Berlin-Kölner Perron befindlichen Speisesaale mussten jedoch wegen der zu geringen Aufhängungshöhe Flaschenzüge angewandt werden; die beiden neben dem Eingange zu den fürstlichen Warteräumen befindlichen Bogen-Lampen sind an Wandarmen aufgehängt.

Die Vertheilung der Lampen ist aus nebenstehendem Plane (Fig. 1) ersichtlich.

Je 4 Lampen sind in einen, in sich geschlossenen, aus Hin- und Rückleitung bestehenden Stromkreis hintereinandergeschaltet, u. zw. in der Weise (s. Fig. 2), dass die 4 äußeren Lampen des I. und II. Perrons, ferner die 4 inneren Lampen dieser Perrons, sowie die vier inneren Lampen des III. (Berlin - Kölner) Perrons und die 2 äußeren Lampen dieses Perrons mit den beiden inneren Lampen des IV. Perrons in je einen Stromkreis zusammengefasst sind. Ebenso sind auch die beiden Lampen (19 u. 20) in dem Speisesaale wieder mit den beiden äußeren Lampen des IV. Perrons in einen Kreis vereinigt; diese Letztere Zusammenschaltung wurde aus dem Grunde für zweckmäßig erachtet, weil die 4 mit einander verbundenen Lampen nur während weniger Stunden, u. zw. während des Aufenthaltes der zwischen Berlin und Köln schnell fahrenden Züge gebraucht werden.

Für die Bedienung der Bogenlampen (23 u. 24) vor dem Eingange zu den fürstlichen Zimmern musste ein

Fig. 1. Elektrische Beleuchtung auf dem Personen-Bahnhofe Hannover.

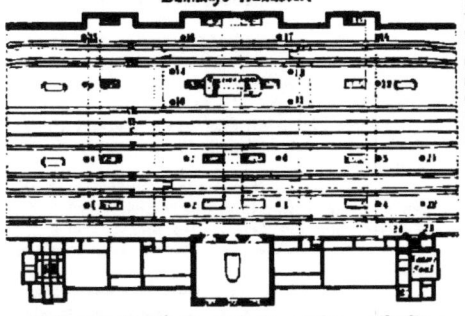

besonderer Stromkreis geschaffen werden. Allerdings sind in demselben ebenfalls 4 Lampen eingefügt; von denselben werden jedoch meistens nur die beiden neben

der Eingangsthür verwendet, während die beiden übrigen erst dann erforderlich sind, wenn es sich darum handelt, die besondere Beleuchtung auch bis auf den II. Perron hin auszudehnen. Bei dieser öftere nothwendigen Verschiedenheit in der Anzahl der zu benutzenden Lampen ist die Einrichtung getroffen, dass die beiden entfernteren Lampen, unter gleichzeitiger Einschaltung entsprechender Widerstände, ausgeschaltet werden können.

2) Die Leitungen bestehen unter den Hallen aus nicht isolirtem Kupferseil bezw. aus 4 ™ starkem Kupferdraht und sind an Porzellan-Isolatoren befestigt; in dem Maschinenhause sind dagegen die Leitungen aus isolirtem Kupferdrahtseil gebildet.

3) Zur Strom - Erzeugung dienen 6 elektro-dynamische Lichtmaschinen nach der Anordnung von Siemens & Halske. Jede Lichtmaschine erzeugt den für einen Stromkreis erforderlichen Strom von 9 Ampère bei 200 Volt Spannung und kann mit Hülfe der beiden Haupt-Umschalter mit jedem der 6 vorhandenen Stromkreise in Verbindung gebracht werden. Von den Umschaltern ist der eine für die Hinleitungen

Fig. 2. Stromlauf-Uebersicht der elektrischen Beleuchtungs-Anlage auf dem Personen-Bahnhofe Hannover.

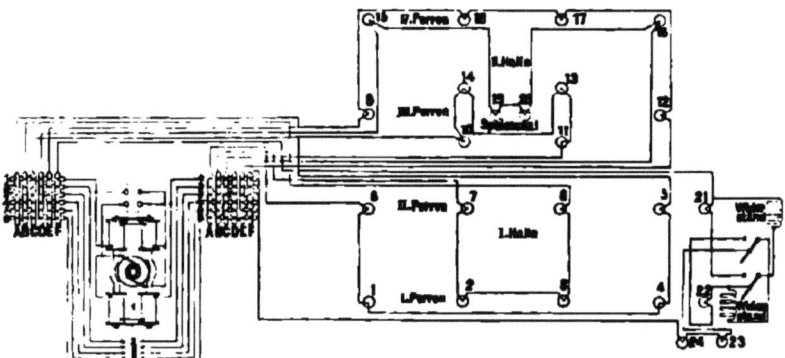

und der andere für die Rückleitungen bestimmt; diese Anordnung ist in so fern sehr zweckmäßig, als sie jeden Irrthum in der Schaltung ausschließt, denn jeder Fehlgriff tritt sofort als solcher hervor.

Sämmtliche Lichtmaschinen werden von einer gemeinschaftlichen Welle aus betrieben. Für den Antrieb sind zwei liegende Dampfmaschinen von 25 und 30 Pferden vorhanden, jedoch wird immer nur eine Maschine benutzt, während die andere für den Fall etwa nothwendig werdender Ausbesserungen an ersterer als Ersatz in Bereitschaft sein muss.

Jede Lampe erfordert etwa eine Pferdestärke zum Betriebe.

Um eine möglichst gleichmäßige Geschwindigkeit zu erzielen, sind zur Bewegung der Lichtmaschinen

geleimte Treibriemen verwendet; die Maschinen selbst befinden sich auf Gleitschienen, und es kann hierdurch ein möglichst regelmäßiges Nachspannen der Treibriemen herbeigeführt werden.

Die Anzahl der Umdrehungen in der Minute beträgt bei den beiden Dampfmaschinen 90 und 103, bei den Lichtmaschinen 950.

4) Kosten für die Beleuchtung. Von den 24 Bogenlampen unter den beiden Perronhallen brennen durchschnittlich täglich:

16 Stück je 12 Stunden............. 192 Std.,
4 „ (Speisesaal) je 5 Std....... 20 Std.,
4 „ (Fürstliche Räume) je 2 Std. 8 Std.,
es ergeben sich hieraus f. d. Tag..... 220 Std.,
oder für das ganze Jahr 80 300 Lampen-Brennstunden.

Die Anlagekosten betragen, abgesehen von der Dampfmaschinen-Anlage, rund 31 000 ℳ. Rechnet man hiervon

10 % für Zinsen und Tilgung .... 3100 ℳ,
ferner für den Putz- und Schmierbedarf ..... 200 ℳ,
für Ausbesserungen und sonstige Nebenkosten 300 ℳ,

so ergiebt sich eine jährliche Ausgabe von 3600 ℳ, oder f. d. Lampen-Brennstunde ein Betrag von 4,5 ₰.

Der Verbrauch an Kohlenstäben berechnet sich durchschnittlich f. d. Lampen-Brennstunde auf 7 ₰.

Die Kosten für die Betriebskraft stellen sich mit Rücksicht darauf, dass die Dampfkraft durch diejenigen Kessel erzeugt wird, welche zugleich für den Betrieb der Wasserdruck-Hebevorrichtungen dienen, auf 12 ₰ f. d. Stunde und Pferdest., also auch f. d. Lampen-Brennstunde.

Die gesammten Kosten betragen daher für jede Lampe und Brennstunde 23,5 ₰.

5) Glühlicht-Beleuchtung. Bereits vor einigen Jahren wurde versuchsweise der Wartesaal I. und II. Klasse und der Perron-Speisesaal durch Glühlicht erleuchtet; die hierbei gewonnenen Ergebnisse waren besonders aus dem Grunde nicht günstig, weil die Anlage selbst nur versuchsweise hergestellt war und weil die Glühlichter in einen der vorhandenen Stromkreise für Bogenlampen eingeschaltet werden mussten. Die Versuche wiesen aber darauf hin, dass diese Art der Beleuchtung sich besonders in solchen Räumen sehr zweckmäßig erweisen muss, in denen bei anhaltender Gasbeleuchtung die Luft für den Aufenthalt von Menschen kaum noch brauchbar erhalten werden kann.

In Erwägung dieses Umstandes ist denn auch in Aussicht genommen, das in der Flur befindliche Fahrkarten-Häuschen, sowie den hier ebenfalls vorhandenen Raum für die Depeschen-Annahme und Gepäck-Abfertigung durch elektrische Glühlämpchen zu erleuchten; es sind hierfür 30 Swan-Lampen zu je 20 Kerzen in Aussicht genommen.

Für dieselben wird eine besondere Lichtmaschine und Stromkreis-Leitung hergestellt.

Die Betriebskosten für diese Beleuchtung sind, wenn eine 800stündige durchschnittliche Dauer für jede Lampe vorausgesetzt wird, auf 3,4 ₰ f. d. Lampen-Brennstunde berechnet.

V. Eilgutschuppen und Tunnel für Eilgut und Postgepäck.

Das in Backstein-Rohbau ausgeführte Gebäude für den Eilgutverkehr verdient nur in so fern einige Beachtung, als dasselbe, dem Höhenunterschiede zwischen Strafsen-Anlage und Bahnhofs-Planum entsprechend, in zwei Geschossen hat angelegt werden müssen. Die innere Einrichtung, sowie die Bauart des Gebäudes, welche aus den Zeichnungen auf Bl. 14, Fig. 1—4 ersichtlich ist, geben zu Bemerkungen keine Veranlassung.

Die Beförderung des Eilgutes vom unteren Boden auf den oberen Boden geschieht durch Wasserdruck-Hebewerke, welche weiter unten beschrieben sind. Zur Beförderung der Eilgutstücke für durchgehende Züge, sowie zur Ueberführung sperriger Güter nach den Gepäck-Perrons ist ein 3,4 m weiter Tunnel in Verbindung mit einem gleichfalls 3,4 m weiten Tunnel für die Beförderung des Gepäckes aus dem neben dem Eilgutschuppen stehenden Postgebäude (s. 1883, S. 56) erbaut (s. Bl. 18, Fig. 5 u. 6).

Eiserne Säulen mit dazwischen stehenden Gittern trennen die beiden Tunnel ihrer Länge nach von einander.

Wasserdruck-Hebewerke gleicher Anordnung wie diejenige, welche in den vorbeschriebenen Gepäck-Tunneln unter den Perronhallen zur Anwendung gekommen ist, vermitteln die Hebung bezw. Senkung des Gepäckes.

Sperrige, oder für die Aufzüge zu schwere Eilgut- oder Postgepäckstücke werden mittels besonderer, oben offener Rampen (s. Bl. 18, Fig. 5 u. 6), deren Steigung 1:18,3 und deren Breite 3,4 m beträgt, durch Menschenkraft auf die in den Perron-Hallen liegenden Gepäck-Perrons befördert.

Der Ueberbau des Post- und Eilgut-Tunnels besteht aus einfachen Blechträgern in Entfernungen von 1,243 m, mit eingefügten Zwischen-Blechträgern und über gelegten Buckelplatten.

VI. Wasserdruck-Hebewerke.

a. Allgemeine Anordnung.

Zur Hebung und Senkung der Gepäck- und Eilgutstücke dienen 16 Hebewerke, von denen je 3 in jedem der beiden Gepäck-Tunnel, 3 im Post-Tunnel, 2 im Eilgut-Tunnel und 2 im Eilgut-Schuppen sich befinden. Die ersteren 11 Hebewerke wirken unmittelbar, in so fern das Druckwasser die auf dem Kolben angebrachte Bühne hebt; bei den beiden letzteren, im Eilgut-Schuppen, wird die Bewegung des Kolbens durch Ketten auf die Aufzugs-Bühne übertragen.

In einem neben dem Eilgut-Schuppen befindlichen, auf Bl. 21, Fig. 5—8 dargestellten Gebäude sind 2 Druckwasser-Behälter (Akkumulatoren) a aufgestellt, welche durch die Dampfpumpe d gespeist werden und vermöge ihrer Belastung den Wasserdruck mittels Röhrenleitung auf die Hebe-Vorrichtungen übertragen.

b. Die Hebewerke in den Gepäck-Tunneln, im Eilgut- und Post-Tunnel (Bl. 19)

sind in seitlichen Nischen der betreffenden Tunnel angebracht, um den Verkehr in letzteren nicht zu hemmen. Sie sind auf 1000 kg Nutzlast eingerichtet.

Der Presskolben trägt unmittelbar die Bühne. Zur sicheren Führung der letzteren dienen 4 an den Ecken befindliche Prismen, die am oberen Ende durch Gussstücke und 2 an den Enden eingemauerte ⊏-Eisen in der richtigen Entfernung von einander gehalten werden. Bei sämmtlichen Hebewerken sind die Bühne und der Kolben durch Gegengewichte in entsprechender Weise ausgeglichen. Die Steuerung wird mittels Hebels durch einen Schieber bewirkt.

Die Begrenzung des Kolbenhubes beim Auf- und Niedergange regelt sich selbstthätig. Zur Sicherung des Verkehres auf dem Perrons bleibt das Loch über dem Aufzuge so lange durch eiserne Klappen geschlossen, wie sich die Bühne unten befindet. Beim Aufsteigen derselben öffnet ein oben halbkreisförmig gebogener Rahmen aus Winkeleisen von selbst die Klappen und lässt dieselben beim Niedergange des Fahrstuhles durch das eigene Gewicht derselben sich wieder schliessen. Der Stoss beim Aufsetzen der Bühne wird durch Buffer gemässigt. Der Boden, aus Riffelblech bestehend, trägt ein Glais zur Führung der Gepäckkarren. Dasselbe besteht aus drei Schienen, von welchen die mittlere (um das Drehen der losen Rolle des Wagens zu verhindern) aus ⊔-Eisen, die beiden Seitenschienen aus Winkeleisen gebildet sind. Der den Karren bedienende Mann wird mit demselben gehoben oder gesenkt. Die Feststellung des Wagens auf der Bühne geschieht durch Vorschieben von Prellklötzen unter die Haupträder. Zur Erleichterung etwaiger Ausbesserungen sind an den Röhrenleitungen Absperrventile vor dem Hebewerke eingeschaltet.

c. Die Aufzüge im Eilgutschuppen

für 1500 kg Nutzlast (s. Bl. 20) bestehen in je einer 2,15 m im Quadrat grossen, aus Holzrahmen mit Dielung hergestellten Bühne, welche, in eisernen Pfosten sicher geführt, aus dem unteren Geschosse in das obere 4,15 m hoch gehoben, bezw. umgekehrt gesenkt werden kann. Um diese Bewegung zu bewerkstelligen, ist die Bühne an einer Kette aufgehängt, welche über Rollen hinweggeleitet wird und mit der Wasserdruck-Maschine in Verbindung steht. Bei der Bewegung des Pumpenkolbens nach unten, welche eintritt, sobald durch Oeffnen des Schieberventiles dem Wasser der Zutritt in den Cylinder gestattet wird, hebt sich die Bühne nach oben. Die rückgängige Bewegung findet statt, sobald durch entsprechende Schieberstellung das Wasser aus dem Cylinder abfliessen kann. Die Bühne und der Kolben sind durch Gegengewichte so weit ausgeglichen, wie es das für die rückgängige Bewegung nöthige Uebergewicht erfordert. Der Steuerschieber wird durch einen Handhebel bewegt. Je nach der für das eintretende Wasser freigegebenen Querschnittsfläche, lässt sich die Hubgeschwindigkeit des Aufzuges regeln. Die Begrenzung des Kolbenhubes findet wiederum selbstthätig statt. Die Minderung des Stosses beim Aufsetzen wird durch ein in dem Fussboden liegende Buffer erreicht. Auch hier sind an dem Aufzuge Absperrventile in den Röhrenleitungen angebracht.

d. Druckwasser-Behälter (Akkumulatoren).

Die Anordnung der beiden Druckwasser-Behälter ist aus Bl. 21, Fig. 1—4 zu ersehen. Zur Ingang-

setzung und Abstellung der Dampfmaschine ist eine selbstthätige Vorrichtung angebracht, welche darin besteht, dass (wie aus der Vorderansicht auf Bl. 21 erkennbar) ein Daumen am Belastungs-Cylinder im tiefsten wie im höchsten Stande des Kolbens gegen zwei in senkrechter Ebene bewegliche Hebel stösst, die ihren Drehpunkt durch einen vorgesteckten Stift an der Pfeilerknagge haben und, für beide Druckwasser-Behälter dienend, in ihrer Mitte mit einer senkrechten Schubstange verbunden sind. Letztere ist derartig mit dem Dampfeinlassventile der Dampfmaschine in Verbindung gebracht, dass beim tiefsten Stande des Druckkolbens das Dampfventil sich öffnet, die Pumpe also angeht; beim höchsten Stande des Kolbens wird das Dampfventil selbstthätig geschlossen, so dass dann die Pumpe ausser Thätigkeit tritt.

Behufs etwaiger Erneuerung der Stopfbüchsen der Druckkolben können die Cylinder mittels Unterstecken von Splinten an den Führungsstangen aufgehängt werden.

Es ist noch zu erwähnen, dass die Druckwasser-Sammler zugleich als zweite Speisevorrichtung für die Dampfkessel benutzt werden können.

Das Ausgangsrohr ist mit einem Sicherheitsventile versehen, welches die ganze Röhrenleitung gegen einen etwa eintretenden grösseren Druck schützen soll. Ebenso ist auf dem Druckkolben ein kleines Auslassventil angeordnet.

e. Berechnung der Hebewerke.

1) Die unmittelbar wirkenden Hebewerke in den Gepäcktunnels. Die Förderhöhe für jedes dieser 6 Hebewerke beträgt 4 m. Die Zeit, in welcher die Bühne diesen Weg zurücklegt, ist sowohl für den Aufzug, wie für den Niedergang, zu je 13 Sekunden bemessen. Die Gewichte der Bühne und des Kolbens sind durch Gegengewichte so weit ausgeglichen, dass nur ein Uebergewicht zum Niederdrücken des leeren Aufzuges verbleibt.

Die beim Niedergange des Kolbens zu überwindenden Widerstände bestehen aus der Stopfbüchsen-Reibung und derjenigen Kraft, welche nöthig ist, um das Rücklaufwasser in einen etwa 5 m höher gelegenen Behälter zu drücken. Ausserdem ist für das Ingangsetzen des Aufzuges eine Kraft erforderlich, welche demselben beim Niedergange bis zu einer gewissen Grenze eine Beschleunigung ertheilt.

Bei 10,5 cm Durchmesser beträgt

das Gewicht des Kolbens	330 kg
das Gewicht der Bühne ist	400 kg
zusammen	730 kg

Der Gegendruck des um 5 m höher liegenden Behälters beträgt ... 0,5 · 1/1 · 10,5² · π = 0,5 · 86,59 = 43 kg, die Gegengewichte betragen ... 500 kg, zusammen ... 543 kg.

Der Ueberschuss 730 — 543 = 187 kg genügt zur Ueberwindung der Reibungswiderstände, sowie zur Beschleunigung.

Beim Aufgange der Bühne sind zu heben

die Nutzlast von	1000 kg
der Gepäckkarren	150 kg
der begleitende Mann	75 kg
die Bühne mit dem Kolben	730 kg
zusammen	1955 kg

Als Triebkraft wirken

das Gegengewicht .... 500 kg,

der Wasserdruck (22 at Ueberdruck) mit 22·86,10 = 1916 kg,
zusammen.... 2416 kg.

Der Ueberschuss von 400 kg genügt zur Ueberwindung der Reibungswiderstände und zur Beschleunigung.

Die Zeit zum Auf- und Niedergange des Aufzuges beträgt:

zum Heben	13 Sek.,
Abfahren des Karrens....	10 Sek.,
Senken	13 Sek.,
Auffahren des Karrens...	10 Sek.
zusammen....	46 Sek.

Während dieser Zeit verbraucht der Aufzug an Wasser
66,10·400 = 34 636 cm = 34,61 kg, od. durchschn. $\frac{34,61}{46}$ = 0,73 kg in d. Sek.

3) Tunnelhalter wirkende Hebewerke in den Post- und Eilgut-Tunnels. Die für die Beförderung des Post- und Eilgutes bestimmten Hebewerke unterscheiden sich von den vorstehenden nur durch die kleinere Hubhöhe von 3,12 m. Es ändert sich demnach die Zeit und der Wasserverbrauch für den Auf- und Niedergang eines Aufzuges wie folgt:

Die Zeit eines Doppelhubes beträgt hier:

für Heben	10,5 Sek.,
Abfahren	10,0 Sek.,
Senken	10,5 Sek.,
Auffahren	10,0 Sek.,
zusammen....	41,0 Sek.

Die Menge des hierbei verbrauchten Druckwassers bestimmt sich zu 66,10·332 = 21 716 cm = 21,72 kg, oder durchschnittlich $\frac{21,72}{41,0}$ = 0,52 kg in d. Sek.

3) Für die Aufzüge im Eilgutschuppen beträgt die Nutzlast 1500 kg und der Hub 6,12 m. Ihrem Kolben ist ein Durchmesser von 16 cm, mithin ein Querschnitt von rund 201 qcm gegeben. Das Druckwasser ist wegen der höheren Lage der Aufzüge nur 3 m hoch zu heben.

Der Fahrstuhl ist durch Gegengewicht so weit ausgeglichen, dass am Kolben noch ein Uebergewicht von 520 kg verbleibt. Davon sind 0,1·201 = 50 kg für den Rücklauf des Wassers erforderlich, während 400 kg (am Kolben wirkend) zur Ueberwindung der Reibungswiderstände und zur Beschleunigung dienen.

Die Nutzlast von 1500 kg wirkt, wegen der Einschaltung der losen Rolle, mit 2·1500 = 3000 kg auf den Kolben; rechnet man hierzu das nicht ausgeglichene Gewicht von 520 kg, so bekommt man für den Aufgang 3520 kg als zu hebende Last. Die Triebkraft beträgt 22·201 = 4422 kg, und der Ueberschuss derselben von 902 kg genügt zur Ueberwindung der Reibungswiderstände und zur Beschleunigung.

Die ganze Zeit für einen Auf- und Niedergang des Fahrstuhles beträgt:

zum Beladen und Steuern	60,0 Sek.,
» Heben	13,5 Sek.,
» Abladen und Umsteuern....	60,0 Sek.,
» Senken	13,5 Sek.
zusammen....	147,0 Sek.

Während dieser Zeit verbraucht der Fahrstuhl an Druckwasser
1/2·415·201 = 41 707,5 cm = 41,71 kg, oder durchschnittlich $\frac{41,71}{147}$ = 0,28 kg in d. Sek.

4) Leistungsfähigkeit der Druckwasser-Behälter. Sämmtliche Hebewerke verbrauchen nach den Vorstehenden in der Sek. durchschnittlich folgende Wassermengen:

6 Hebewerke der Gepäck-Tunnel . 6·0,73 =	4,38 kg,
3 Hebewerke für die Post ..... 3·0,91 =	2,73 kg,
2 Hebewerke im Eilgut-Tunnel .. 2·0,601 =	1,02 kg,
2 Aufzüge im Eilgut-Schuppen ... 2·0,28 =	0,56 kg,
zusammen	8,44 kg

unter der Voraussetzung, dass dieselben ununterbrochen in Thätigkeit sind. Da dieser Fall jedoch nur annahmsweise und zur während kurzer Zeit, für welche die Druckwasser-Behälter einen hinreichenden Vorrath besitzen, eintreten wird, so ist bei Berechnung der Pumpen der Wasserverbrauch der gesammten Anlage, einschl. des Verlustes in den Rohrleitungen, in den Stopfbüchsen usw. zu durchschnittlich 7 kg f. d. Sekunde angenommen.

Es sind 2 Druckwasser-Behälter von 3,10 Hub und 26 cm Kolbendurchmesser, also zusammen 361 l Fassungsraum angeordnet. Dieselben genügen, wenn sämmtliche Aufzüge gleichzeitig ununterbrochen arbeiten, für etwa 140 Sekunden. Innerhalb dieser Zeit machen die 6 Aufzüge in den Gepäck-Tunnels je 3, zusammen also 18 Hübe. Die 5 Aufzüge im Eilgut- und Post-Tunnel je 4, also zusammen 20 Hübe, die beiden Kettel-Aufzüge in Eilgut-Schuppen je 1, zusammen also 2 Hübe. Zu diesen im Ganzen 40 Hüben sind 18·34,61 + 20·26,72 + 2·41,71 = rund 1353 kg Wasser nöthig. Hiezu liefert während dieser Zeit 7·140 = 980 kg, während die Sammler mit 373 kg aushelfen müssen; 56 kg bleiben dann in Letzterem noch zurück.

Das Belastungsgewicht für jeden Druckwasser-Behälter berechnet sich, wenn die Widerstände in der Rohrleitung zu 1 at angenommen werden, zu:

$$(22 + 1)·1/4·26^2·\pi = 12\ 211\ kg,$$

dazu für Stopfbüchsen-Reibung

$$10\,\%(12\,211) = 1\ 221\ kg,$$
$$Summe.... 13\ 432\ kg.$$

entsprechend einem Drucke von 23·1,1 = 25,3 at. Da beim Heben des Belastungs-Gewichtes noch die Stopfbüchsen-Reibung (2,3 at) überwunden werden muss, so beträgt der von den Pumpen zu leistende Druck 25,3 + 2,3 = 27,6 at.

5) Berechnung der Pumpmaschine. Die Pumpen sollen, wie oben angenommen, 7 kg Wasser in der Sekunde unter einem Drucke von 27,6 at liefern. Hierzu sind 4 Pumpen angenommen, von denen jedoch gleichzeitig nur 3 arbeiten. Ferner ist der Wasserverlust in den Ventilen zu 10% anzunehmen, so dass die gesammte, für die Berechnung anzunehmende sekundliche Wassermenge 7,7 kg beträgt.

Für drei gleichzeitig 3 einfachwirkende Pumpen von 11 cm Kolbendurchmesser und 35 cm Hub bei 80 Umgängen in der Minute, denn es ist 2·1/4·11²·π·35 = 7917 cm = 7,9 l.

Der von einer Pumpe zu überwindende Druck beträgt 27,6·1/4·11²·π = 3122 kg. Rechnet man für die Dampfmaschine einen Wirkungsgrad von 70% und 4,1 at mittleren Ueberdruck im Cylinder, so muss jeder Dampfkolben, deren 2 vorhanden sind, einen Querschnitt von $\frac{3122}{0,7·4,1}$ = 1087,9 cm erhalten, oder einen Durchmesser von rund 37 cm.

Die Nutzleistung der Maschine beträgt in Pferdestärken

$$N = \frac{2·3122·0,35}{75} = 29,11.$$

6) Die Röhrenleitung. Die Wandstärke der Röhren ist nach der Formel $\delta = 0,01 r · 0,01 r d h + 0,01 d$ berechnet. Hierin bedeuten h die Druckhöhe und d den Durchmesser der Röhren in Metern; also $0,01 r$ giebt dem Einfluss des Stosses der Wassersäule beim Ventilschlusse auf die Rohrleitung an. Es ist, da $h = 276$ m und $d = 0,15$ m,

$$\delta = 0,01·276 + 0,01·0,15 = 12,3$$

zu nehmen.

Die Zuleitungsröhren an den Druckwasser-Behältern haben 15 cm Weite; für die Rücklauf-Leitung sind Röhren mit 80 mm Wandstärke verwendet.

f. Die Gepäck-Karren

sind leicht mit eisernem Gestelle gebaut (s. Bl. 21, Fig. 9—11). Boden, Vorder- und Rückwand bestehen aus Latten.

Von den 3 Rädern sitzen 2 auf einer festen Achse, während das dritte als Lenkrolle dient, dessen Lagergabel sich um einen senkrechten Zapfen drehen lässt. Da die Karren auch zum Befahren der nach dem Post- und Eilgut-Tunnel hinabführenden Rampen benutzt werden, so sind Bremsvorrichtungen an denselben angebracht.

g. Die Kosten der gesammten Anlagen für die Hebevorrichtungen

betragen 115 000 ℳ. Ein Aufzug im Eilgut-Schuppen kostet 2300 ℳ, ein unmittelbar wirkendes Hebewerk 2700 ℳ. Jeder der beiden Dampfkessel kostet 4700 ℳ. Die Betriebskosten für einen Hub stellen sich nach den bisherigen Erfahrungen auf etwa 8 ₰. Ein Gepäck-Karren kostet 141 ℳ.

VII. Lokomotiv-Schuppen und Kohlenlade-Rampe.

Der Lokomotiv-Schuppen, sowie das, eine kleine Werkstätte, einige Dienstzimmer, verschiedene Uebernachtungs- und Aufenthalts-Räume enthaltende Gebäude, nebst der zum Lokomotiv-Schuppen gehörenden Kohlen-Ladebühne sind auf der Nordwestseite des Personen-Bahnhofes zwischen den Unterführungen der Cellerstraße und der Vahrenwalderstraße erbaut (s. d. Plan auf Bl. 2).

Der Lokomotiv-Schuppen (s. Bl. 24) ist im Grundrisse ringförmig angeordnet, aber mit zwei Drehscheiben von 13,4 ᵐ Durchmesser versehen, damit bei etwaiger Beschädigung einer Drehscheibe wenigstens einem Theile der im Schuppen untergebrachten Lokomotiven die Ausfahrt ermöglicht bleibt. In Folge dessen besteht der Grundriss aus zwei tangential verbundenen Ringstücken. Der Schuppen ist mit eisernem Dachstuhle versehen und mit Dachpappe gedeckt.

Behufs Speisung der Lokomotiven, sowie zur Erlangung des erforderlichen Reinigungswassers ist die städtische Wasserleitung, welche 3 ᵃᵗ Ueberdruck besitzt und welche auch sonst sämmtliche Wasser-Anlagen des Bahnhofes speist, in den Lokomotiv-Schuppen eingeführt. Zur Aushülfe ist ein hochliegender stets gefüllter Wasserbehälter in der Nähe des Schuppens aufgestellt.

Der Lokomotiv-Schuppen enthält 31 Stände mit je einer Löschgrube und zwei an dem Dachstuhle aufgehängten schmiedeisernen Sehornsteinen.

Das Gleis, welches die Verbindung des Lokomotiv-Schuppens mit dem Personen-Bahnhofe vermittelt, ist mit 1 : 100 fallend angelegt. Es ist dadurch erreicht worden, dass die Grundmauern des Schuppens und der Drehscheiben geringere Höhe erhielten, und dass das Gleis, auf welchem die Lokomotiven ihren Kohlenbedarf einzunehmen haben, so tief gelegt werden konnte, wie die hochliegenden Verladungs-Vorrichtungen es erheischten.

Von der Kohlen-Ladebühne (s. Bl. 24, Fig. 4 und 5) aus geschieht die Verladung der Kohlen nicht

von Hand mittels gewöhnlicher Körbe, sondern durch Trichter, welche ihren Inhalt unmittelbar auf die Tender ausschütten. Zu dem Ende ist die Anordnung getroffen, dass die Kohlen-Ladebühne erheblich höher als die Tender der zu füllenden Lokomotiven liegt und dass die Kohlen durch Trichter, welche von der Kohlenbühne aus gefüllt werden und deren Entleerung die Lokomotiv-Mannschaft mittels einer einfachen Zugvorrichtung selbst besorgt, in den Tender fallen.

Die Kohlenwagen gelangen auf einem mit 1 : 90 ansteigenden Gleise auf die Ladebühne und werden hier in die 32 Trichter, welche je 700 ᵏᵍ Kohlen fassen, entleert.

Ein neben dem Zuführungs-Gleise auf der Kohlenbühne befindliches Vorraths-Kohlenlager dient zur Deckung des Bedarfes bei etwa eintretendem Kohlenmangel.

Die Trichter, deren Bodenfläche um 40° gegen die Wagerechte geneigt ist, sind einfache, mit Winkeleisen versteifte, oben offene Blechkasten von 70 ᶜᵐ hinterer und 85 ᶜᵐ vorderer Lichtweite. Eine um den Punkt c (Fig. 4, Bl. 24) drehbare, durch ein Gegengewicht g g ausgeglichene Klappe, welche bei der Entleerung zugleich als Leitblech für die herabfallenden Kohlen dient, schließt den Trichter nach der vorderen Seite. Das Gegengewicht g verhindert, dass die Klappe bei gefülltem Trichter sich von selbst öffnet, und dient zugleich dazu, die Klappe nach der Entleerung des Trichters zu schließen.

Zur Bewegung der Klappe bei gefülltem Trichter ist ein von der Lokomotive aus erreichbarer Hebel h, welcher durch die Stange s mit dem Gegengewichte g verbunden ist, an der Außenwand des Trichters angebracht. Die Entfernung der Trichter, von denen je acht zu einer Gruppe vereinigt sind, beträgt 1,2 ᵐ von Mitte zu Mitte, die Entfernung der Gruppen von Mitte zu Mitte, um das gleichzeitige Beladen mehrerer Tender zu gestatten, 16,4 ᵐ.

Die Kosten für die Kohlen-Ladebühne einschl. Pflasterung des Vorrathslagerplatzes und der anschliessenden Schuppen für Koks und Reiserwellen haben 32 510 ℳ betragen. Die Anlage einer Kohlen-Ladebühne gewöhnlicher Art würde etwa 12 500 ℳ gekostet haben, so dass für die zur Ausführung gekommene Anlage ein Mehrbetrag von etwa 20 000 ℳ verausgabt worden ist. Die Zinsen dieses Mehrbetrages, einschl. der Tilgung zu 7 °/₀ gerechnet, 1400 ℳ ausmachen, werden indess reichlich aufgewogen durch die Ersparungen, welche durch die einfachere Verladung der Kohlen erzielt worden sind. Durch diese werden dauernd zwei Arbeiter erspart, welche an Lohn jährlich 1440 ℳ bezogen haben würden, und ausserdem fallen die Kosten für die Unterhaltung von Kohlenkörben fort, welche jährlich etwa 3700 ℳ betragen haben würden, so dass den um 1400 ℳ höheren Zinsen eine Gesammt-Ersparnis von etwa 5140 ℳ gegenübersteht.

3

VIII. Die Central-Weichen- und Signal-Anlagen.

(Mitgetheilt vom Reg.-Baumeister Fahrberg.)

Zur Erhöhung der Betriebssicherheit, sowie zur Verminderung der Weichensteller- und Wärter-Mannschaft sollen die zahlreichen Weichen und Signale des Personen-Bahnhofes von Centralpunkten aus bedient werden. Dieselben sind daher an zwei Gruppen zusammengefasst, deren eine die östlich von der Perronhalle befindlichen Weichen und Signale enthält, während zur anderen die westlich von derselben liegenden Weichen und Signale gehören. Zum Verständnisse der Centralanlage ist die Kenntnis der nachstehend kurz angegebenen Fahrordnung erforderlich. Letztere ist in Folge des Umstandes, dass Hannover für die Linie Hamburg-Frankfurt Kopfstation bildet, dass auf dieser Linie hier Kreuzungen, sowie Anschlüsse von bezw. nach Bremen vorkommen, dass ferner auf der Linie Berlin-Köln hier Ueberholungen stattfinden, eine ziemlich verwickelte.

a. Fahrordnung und Signale der östlichen Seite.

Von der Ostseite des Bahnhofes gehen 4 Eisenbahnlinien aus: 1) nach Lehrte (L) (Hamburg, Berlin, Braunschweig) (2 gleisig); 2) nach dem Vieh- und Schlachthofe (V) (1 gleisig); 3) nach Kassel (K) (Frankfurt) (2 gleisig); 4) nach Altenbeken (A) (1 gleisig). Die in diesen Richtungen ankommenden bezw. abfahrenden Züge schlagen im Bahnhofe folgende Wege ein (s. Bl. 25, Fig. 1):

1) **Einfahrten.** Die Einfahrt von Lehrte (Hamburg, Berlin, Braunschweig) findet statt in die Gleise III, IV, VI, VIII u. IX, u. zw. in folgender Vertheilung:

In Gleis III, oder ausnahmsweise (falls dies besetzt) in Gleis IV fahren die von Hamburg kommenden Personenzüge ein, sowie diejenigen Züge fürstlicher Herrschaften, welche möglichst nahe an die Fürstenzimmer im Empfangs-Gebäude herangebracht werden sollen.

Sämmtliche Güterzüge von Lehrte (Hamburg, Berlin, Braunschweig) fahren in Gleis VI ein.

Die durchgehenden Personenzüge von Berlin nach Köln fahren in Gleis VIII ein.

Die von Magdeburg bezw. Braunschweig kommenden und in Hannover endigenden Personenzüge fahren in Gleis IX ein.

Die Einfahrt der Güterzüge vom Viehhofe, nahe der Lehrter Bahn gelegen (s. Bl. 2, Fig. 2, rechts oben), findet nur in Gleis VI statt.

Für die aus der Richtung von Kassel (Frankfurt) ankommenden Züge sind drei Einfahrtswege, nämlich in Gleis III, IV und VI, vorhanden.

Die Personenzüge fahren gewöhnlich in Gleis III, falls dies besetzt, in Gleis IV, die Güterzüge in Gleis VI ein.

Die von Altenbeken ankommenden Personen- oder Güterzüge fahren in Gleis II, oder (falls dies besetzt) ausnahmsweise auch in Gleis III ein.

2) **Ausfahrten.** Die Ausfahrt der Züge nach Altenbeken findet aus den Gleisen I u. II, ausnahmsweise (z. B. für Züge fürstlicher Herrschaften von Berlin nach Springe) auch aus Gleis III statt.

In der Richtung nach Kassel (Frankfurt) abgehende Personenzüge fahren von Gleis III, oder, falls dies besetzt, von Gleis IV, die Güterzüge aus Gleis V ab.

Die nach dem Viehhofe bestimmten Güterzüge fahren von Gleis V, seltener von Gleis IV ab.

Die Ausfahrt nach Lehrte (Hamburg, Berlin, Braunschweig) geschieht aus den Gleisen III, IV, V, VII, VIII, u. zw. in folgender Vertheilung:

Die Personenzüge nach Hamburg fahren aus dem Gleise III, oder (falls dies besetzt) aus dem Gleise IV.

Die Personenzüge nach Berlin und Braunschweig fahren aus den Gleisen VII oder VIII ab.

Sämmtliche Güterzüge nach Lehrte fahren aus dem Gleise V ab.

3) Die **Signalisirung** der vorstehend aufgeführten 24 verschiedenen Ein- und Ausfahrtswege findet in folgender Weise statt:

Vom Empfangs-Gebäude aus gesehen, stehen hinter der Unterführung der Kirchwenderstraße (in Fig. 1 in geringerem Abstande gezeichnet) vier einflügelige Abschluss-Signale, welche die Einfahrt von den vier Strecken Lehrte, Viehhof, Kassel und Altenbeken versperren, bezw. frei geben sollen. Außerdem sind unmittelbar vor der Perronhalle und an der Giebelwand derselben weitere Wege-Signale für jedes zur Einfahrt benutzte Gleis vorhanden. Durch das gleichzeitige Ziehen eines Signales an der Kirchwender Straßen-Unterführung und eines Signales vor der Perronhalle wird also der vom ankommenden Zuge einzuschlagende Weg ganz genau bezeichnet. Der Lokomotivführer ersieht zunächst allerdings nur, dass überhaupt ein Einfahrtsweg für ihn frei gegeben ist. Die Bahnhofs-Beamten jedoch, welche beide Signale sehen können, wissen genau, welcher Einfahrtsweg offen ist. Damit der Stand des bezüglichen Abschluss-Signales dem aufahrenden Zuge schon auf hinreichend große Entfernung kenntlich gemacht wird, sind mit den Abschluss-Signalen für die Strecken Lehrte, Kassel und Altenbeken scheibenförmige Vorsignale verbunden. Dieselben sind um etwa 600 m vorgeschoben.

In ähnlicher Weise sind die Ausfahrt-Signale angeordnet. Am Ostende der Perrons ist für die Gleise I, II, III, IV, V, VII und VIII je ein Ausfahrts-Telegraph vorgesehen; vier kleinere Signale auf dem Dache des Weichenthurmes, welche den vier Strecken Lehrte, Viehhof, Kassel und Altenbeken entsprechen, zeigen an, nach welcher Richtung der abgefertigte Zug ausfahren kann. Das Ausfahrt-Signal vor dem Perron wird mit dem zugehörigen Strecken-Signale auf dem Weichenthurme gleichzeitig gezogen.

b. Fahrordnung und Signale der westlichen Seite.

Von der Westseite des Bahnhofes gehen folgende Linien aus: 1) nach dem Rangir-Bahnhofe Hainholz (H) (2 gleisig); 3) nach W u n s t o r f (W) (Köln, Bremen) (2 gleisig). Außerdem führt 1 Gleis nach dem Lokomotiv - Schuppen. Für diese Seite gilt folgende Fahrordnung:

1) **Einfahrten.** Die vom Rangir-Bahnhofe Hainholz kommenden Güterzüge fahren, falls sie nach Altenbeken bestimmt sind, in Gleis II, oder (wenn diese besetzt) ausnahmsweise in Gleis III ein. Bei allen übrigen Güterzügen erfolgt die Einfahrt in Gleis V.

Die von W u n s t o r f kommenden Personenzüge fahren in Gleis IV oder VII ein, je nachdem sie auf der Bremer oder Kölner Strecke entsprungen sind. Die Güterzüge beider Strecken laufen in Gleis V ein.

2) **Ausfahrten.** Die Ausfahrt der Güterzüge nach Hainholz findet, falls sie von Altenbeken kommen, aus Gleis II, oder (wenn diese besetzt) ausnahmsweise aus Gleis III statt. Bei allen übrigen Güterzügen erfolgt die Ausfahrt aus Gleis VI.

In der Richtung nach W u n s t o r f fahren die Personenzüge aus den Gleisen IV, VII und VIII ab, u. zw. die Züge nach Bremen aus Gleis IV, diejenigen nach Köln aus VIII, oder (falls dieses besetzt, z. B. bei Ueberholungen) aus Gleis VII ab.

3) Die Signalisirung der vorstehend angeführten 13 Ein- und Ausfahrtswege erfolgt nach denselben Grundsätzen wie bei der östlichen Gruppe. Bemerkt mag noch werden, dass auf der Westseite die Züge auf einem Gleise im Allgemeinen nur nach einer Richtung ausfahren. Nur aus Gleis VI kommt Ausfahrt nach Wunstorf oder Hainholz vor. Das Ausfahrt-Signal für dieses Gleis ist deshalb zweiflügelig gestaltet, wobei der einfache Flügel für die Ausfahrt nach Hainholz, der Doppelflügel für die Ausfahrt nach Wunstorf gilt. Weitere Signale auf dem Dache des Weichenthurmes (wie bei der östlichen Gruppe) sind daher hier nicht erforderlich.

Außer den Abschluss-Signalen für die von Hainholz und Wunstorf einfahrenden Züge ist am Westende des Personen-Bahnhofes noch ein Abschluss-Signal für das Gleis nach dem Lokomotiv - Schuppen vorgesehen, welches ebenfalls von dem westlichen Weichenthurme aus gestellt wird. [*]

c. **Beschreibung der Weichen- und Signal-Stellung.**

Die Stellung sämmtlicher Weichen und Signale des Personen-Bahnhofes erfolgt von den beiden, östlich

[*] Die vorstehend beschriebene Fahrordnung entspricht nicht mehr vollständig den jetzigen Betriebs - Verhältnissen, weil kurze Zeit vor der Inbetriebnahme der Central-Anlage an der Fahrordnung und Gleislage nicht unwesentliche Aenderungen vorgenommen wurden. Auf der östlichen Seite wurden noch 4, auf der westlichen Seite noch 1 Einfahrtsweg erschlossen. Für diese 5 neu hinzugekommenen Einfahrtswege soll die Signalisirung und Sicherung in derselben Weise ausgeführt werden, wie für die übrigen Wege. Die weiter unten näher erläuterte Verschluss-Tabelle enthält diese 5 Wege nicht, kann aber leicht vervollständigt werden, da die bei Aufstellung derselben maßgebend gewesenen Grundsätze auch bei der Erweiterung zur Anwendung gekommen sind.

und westlich von der Perronhalle gelegenen W e i c h e n - t h ü r m e n aus (Fig. 1 u. 4 – 7, Bl. 25). Letztere sind zweigeschossig und so ausgeführt, dass der Central-Hebelapparat sich in etwa 6 m Höhe über Schienen-Oberkante befindet. Die Wände des ersten Stockwerkes sind von zahlreichen Fenstern durchbrochen, so dass die den Central-Apparat bedienenden Beamten den Bahnhof nach allen Seiten bequem übersehen können. Die größte Entfernung der Weichen vom Central-Apparate beträgt auf der Ostseite der Halle etwa 200 m, auf der Westseite derselben etwa 150 m. Bei diesen Entfernungen lässt sich eine Verständigung durch Zuruf oder Zeichen mit der Hand zwischen dem Centralwärter und der Rangir-Mannschaft noch ohne Schwierigkeit erzielen.

Die **Verbindung des Central-Apparates mit den Weichen und Signalen** wird durch Doppel-Leitungen von versinktem S t a h l d r a h t e hergestellt. In den Uebersichtsplan (Bl. 25, Fig. 1) sind durch einfache Linien, welche von den Weichenthürmen ausgehen, die Drahtleitungen eingezeichnet. Für die Weichenzüge ist Draht von 5 mm, für die Signal-Leitungen solcher von 4 mm Durchmesser zur Verwendung gekommen; für beide Drahtsorten war eine Zugfestigkeit von mindestens 3500 k bei 20°, Querschnitts-Verminderung und 4% Dehnung vorgeschrieben. An allen Um- und Ablenkungs-Punkten ist der Draht durch eine Kette von mindestens gleicher Zugfestigkeit ersetzt.

Die Wirkungsweise der Doppel-Drahtzüge ist die einer Schnur ohne Ende, welche über zwei Rollen läuft. Die eine, die Antriebsrolle, liegt im Central-Apparate und wird durch die Bewegung eines Hebels vom Centralwärter unmittelbar in Drehung versetzt. Die zweite Rolle, welche neben der zu stellenden Weiche oder dem Signale angebracht ist, bewirkt die Bewegung und Feststellung der Weichenzungen oder der Flügel am Telegraphenmaste. Damit am Umfange der Anfangs- und Endrolle kein Gleiten der Kette eintritt, sind die Rollen mit Vertiefungen versehen, in welche die Kettenglieder genau hineinpassen. Die zwischen diese beiden Endrollen eingeschalteten Zwischenrollen dienen nur zur Unterstützung oder Umlenkung der Drahtleitung.

Die Unterstützungs-Rollen (Bl. 26, Fig. 6 u. 7) haben etwa 5 m Durchmesser, drehen sich um eine wagerechte Achse und sind in Entfernungen von etwa 10 m angebracht. Die erheblich stärker gebauten A b l e n k - R o l l e n (Bl. 27, Fig. 1 u. 2) haben etwa 20 m Durchmesser und drehen sich um eine senkrechte, mit einem eisernen Lagerbocke fest verbundene Achse. Die Stärke des Lagerbockes, welcher die in den Draht-Leitung auftretenden Spannungen aufzunehmen hat, richtet sich nach der Anzahl der Ablenk-Rollen.

Damit durch die Drahtleitungen der Verkehr zwischen den Gleisen nicht gehemmt oder gefährdet wird, sind dieselben unterirdisch geführt und mit Schutzkästen von 3 mm starkem Eisenblech überdeckt. Ueber den Ablenkungs- und Unterstützungs-Rollen hat man kleine gusseiserne, mit Deckel versehene Kästen schachtartig aufgesetzt, um die Zapfenlager der Rollen bequem reinigen, bezw. schmieren zu können.

Die Umstell-Vorrichtung einer einfachen Weiche mittels Doppel-Drahtzuges ist auf Bl. 27, Fig. 3—5 dargestellt. Die im Grundrisse mit s e bezeichneten Drähte werden in eine über die Rollen a und b geleitete Kette aufgelöst. Während die Rolle b nur zur Führung der Kette dient, überträgt die Rolle Rolle a durch den Zapfen k die vom Drahtzuge ausgeübte Kraft zunächst auf den Winkelhebel c, dessen einer Schenkel klauenförmig gestaltet ist. Der andere Schenkel des genannten Winkelhebels überträgt die Kraft auf die Stange s und durch diese auf die Verbindungsstange e zwischen den beiden Weichenzangen. Mit letzterer ist noch das rechts oder links vom Gleise aufzustellende Weichensignal verbunden. Die Stange s besteht aus zwei Theilen, welche so mit einander verbunden sind, dass beim Aufschneiden der Weiche eine Zerstörung der eigentlichen Umstellvorrichtung verhindert, gleichzeitig aber der Wärter im Weichenthurme davon in Kenntnis gesetzt wird, dass die Weiche aufgeschnitten ist. Die Hülse h (Fig. 5) umschließt die Stange s. Der Stift m verhindert die Verschiebung dieser beiden Theile in einander. Ein zweiter stärkerer Stift n wird durch eine Spiralfeder p senkrecht zur Achse der Stange s in die Zahnlücken der Letzteren gedrückt. Erfolgt nun ein Aufschneiden der Weiche, so wird, da die Hülse h fest mit der Umstell-Vorrichtung verbunden ist, eine Abscheerung des Stiftes m erfolgen und die Stange s innerhalb der Hülse h verschoben. Gleichzeitig gleitet der Bolzen n an den schiefen Zahnflanken der Stange s in die Höhe, um am Ende der Bewegung in einer anderen Zahnlücke festzustehen. Da wegen der Zahnform und des Bolzens n die Hülse h nicht in die ursprüngliche Lage zurückgehen kann, so wird die Verbindung zwischen dem Winkelhebel c und der Stange s entweder zu lang oder zu kurz sein, es wird also auch eine vollständige Drehung der Rolle a bezw. des Hebels im Central-Apparate nicht erfolgen können.

Aus dem Grundrisse Fig. 4 ergibt sich noch, dass eine geringe Drehung der festen Rolle a (etwa bis zu 30°) möglich ist, ohne dass eine Bewegung des Winkelhebels c erfolgt. Erst bei weiterer Drehung wird der Winkelhebel mitgenommen und dadurch der feste Anschluss der Weichenzangen an die Backenschienen aufgehoben. Durch diese Vorrichtung wird der nachtheilige Einfluss der todten Zwischenräume in der Leitung bezw. der bei Temperaturwechsels entstehenden Formveränderungen aufgehoben. Erst der vollständige Anschluss der Weichenzange an die Backenschiene gestattet dem Wärter eine weitere Drehung der Rolle a bezw. des Hebels im Central-apparate bis zum vollständigen Umlegen dieses Hebels, so dass ein mangelhafter Anschluss sofort ersichtlich wird.

In ähnlicher Weise wie die Umstell-Vorrichtung

der Weichenzangen ist das Triebwerk zur Stellung der Signalflügel ausgebildet. Bei sämmtlichen Signalen (auch den Vorsignalen) ist die Verbindung mit den Drahtzügen so hergestellt, dass beim Reißen eines Drahtes das Signal sich selbstthätig auf „Halt" stellt. Bemerkt mag noch werden, dass die Masten, an welchen die Signalflügel befestigt sind, aus Schmiedeisen hergestellt werden. Zur Herstellung der Ecken der quadratischen Grundrissform bezw. der Kanten des Mastes sind vier Winkeleisen von 40 × 40 × 4 mm verwendet, welche durch leichtes Gitterwerk aus Flacheisen von 33 × 3 mm mit einander verbunden sind.

Als letzter und wichtigster Theil der Anlage würde noch der nach dem Systeme Rüppell ausgeführte Central-Hebelapparat zu beschreiben sein. Die Bedingungen, welche der Apparat zu erfüllen hat, sind in der Verschluss-Tabelle dargestellt, welche über die mannigfaltigen Abhängigkeiten zwischen den Stellungen der Weichen und Signale Aufschluss giebt. Zur Erläuterung der in Fig. 2 u. 3 auf Bl. 25 dargestellten Tabelle ist zu bemerken, dass die einzelnen Aus- und Einfahrtswege der Reihe nach aufgeführt sind. Für jeden Weg ist die Stellung der Weichen und Signale durch Zeichen, deren Erklärung sich auf der Tabelle befindet, besonders angegeben. Wie man aus der Tabelle und aus dem Uebersichtsplane (Fig. 1, Bl. 25) mit den eingezeichneten Drahtleitungen ersieht, wird die Sicherung der Wege dadurch erreicht, dass zunächst sämmtliche Weichen, welche von dem ein- oder ausfahrenden Zuge zu durchfahren sind, in die richtige Stellung gebracht werden. Sodann werden die Weichen der Nachbargleise, durch welche ein Fahrzeug in den frei zu haltenden Weg gelangen könnte, so gestellt dass das Fahrzeug vorher von dem zu sichernden Wege abgelenkt wird. Diese Maßregel sichert den frei zu haltenden Weg natürlich nur gegen solche Fälle, wo das gefährliche Fahrzeug sich gegen die Spitze der Nachbarweiche bewegt. Sobald ein Wagen aber in umgekehrter Richtung, also vom Herzstücke nach den Weichenzungen hin, rollt, ist die Stellung der Weiche gleichgültig, da durch das erfolgende Aufschneiden derselben stets ein seitlicher Angriff auf den frei zu haltenden Weg ermöglicht wird.

Bei ganzen englischen Weichen kann die abweisende Stellung nur dadurch erreicht werden, dass dieselben durch zwei Hebel gestellt werden, wobei je zwei neben einander liegende Zungenpaare in gleicher Richtung sich bewegen.

Endlich ist auf eine Sicherung des ein- oder ausfahrenden Zuges dadurch Bedacht genommen, dass alle feindlichen Signale während der Freigabe des Weges auf Halt gestellt sind. So sind beispielsweise in der östlichen Gruppe bei Oeffnung des Weges 1 (Einfahrt von Lehrte in Gleis III) alle Wege mit Ausnahme von 10, 12 u. 13 versperrt, weil alle übrigen Ein- oder Ausfahrten dem von Lehrte in Gleis III einlaufenden Zuge gefährlich sind und unter Umständen einen Zusammenstoß herbeiführen würden.

Dass die feindlichen Signale nun auch wirklich auf „Halt" stehen, und dass die in Betracht kommenden Weichen wirklich und unverrückbar die in der Tabelle angegebene Stellung haben, wird dem Lokomotivführer allein durch die Fahrtstellung des für ihn gültigen Signales gewährleistet. Erst wenn dieses Signal auf Halt zurückgestellt ist, kann eine der angegebenen Weichen umgelegt, oder eins der feindlichen Signale auf „Fahrt" gestellt werden.

Um dem Stationsvorsteher jedoch die freie Verfügung über die Ein- und Ausfahrten, soweit solche überhaupt gleichzeitig möglich sind, zu sichern, ist zwischen dem Centralapparate und der Station noch eine elektrische Blocksicherung hergestellt. Mit Ausnahme der Signalhebel für die Ausfahrt-Wege 12, 13, 23 u. 24 der Ostseite, sowie 7, 8, 9, 12 u. 13 der Westseite stehen sämmtliche Signalhebel unter elektrischem Verschlusse. Ein Verschluss der Ausfahrt-Signalhebel findet im Allgemeinen nicht statt, da der Befehl zum Ausfahren nicht durch das Ziehen des Ausfahrt-Signales, sondern durch den Stations-Beamten persönlich (Abläuten) ertheilt wird. Die durchfahrenden Güterzüge können an einer unzeitigen Ausfahrt durch den Stationsbeamten dadurch verhindert werden, dass derselbe das Einfahrtsignal in die Halle nicht frei giebt. Bevor also der Centralwärter irgend ein Signal, beispielsweise für Weg I, d. h. die Einfahrt von Lehrte in Gleis III, geben kann, genügt nicht, dass er die in der Tabelle angegebenen Weichen in die richtige Stellung bringt und dass die feindlichen Signale auf Halt stehen, der Signalhebel für den Weg I muss auch vom Stations-Vorsteher auf elektrischem Wege frei gegeben sein.

Die elektrische Einrichtung zur Blockirung der Signalhebel ist nach der Anordnung von Siemens & Halske in ähnlicher Weise ausgeführt, wie die in „Winkler's und Schmitt's Vorträgen über Eisenbahnbau", Signalwesen, Elftes Heft in § 499 näher beschriebene Blocksignal-Vorrichtung der genannten Firma. Hiernach wird durch Drehung einer Drahtspirale zwischen Magneten ein kräftiger Induktions-Wechselstrom in der Leitung hervorgerufen. Durch den wechselnden Strom geräth ein Anker, welcher ähnlich demjenigen der Hemmung einer Pendeluhr oder Taschen-Ankeruhr geformt ist, in schwingende Bewegung. Bei jeder Schwingung bewegt der genannte Anker den Zahnkranz eines Radsegmentes um eine Zahnlücke weiter, bis der Zahnkranz einen bestimmten Weg durchlaufen und die Verriegelung des Signalhebels ausgelöst hat. Durch die Wahl des Wechselstromes wird die Wirkung einer elektrischen Entladung in der Atmosphäre unschädlich gemacht, weil durch einen Blitzschlag der eben genannte Zahnkranz stets nur um eine Zahnlücke weiter bewegt werden, nicht aber die Verriegelung vollständig ausgelöst werden kann. Die Blockirungs-Vorrichtung befindet sich in einem gusseisernen Kasten, der mit kleinen kreisförmigen Fenstern versehen ist; durch letztere wird eine rothe oder eine

weisse Scheibe sichtbar, je nachdem der betreffende Hebel blockirt oder frei gegeben ist. In dem Central-Hebelapparate wird durch das Deblockiren des Stations-Beamten nicht unmittelbar der Signalhebel frei gegeben, sondern ein Verriegelungs-Hebel. Durch Ziehen des letzteren werden die in Frage kommenden Weichenhebel in richtiger Stellung verschlossen, während gleichzeitig der eigentliche Signalhebel frei gegeben wird. Diese Anordnung hat man gewählt, um die Bewegung der Signalhebel nicht zu schwer zu machen.

Der Central-Hebelapparat der östlichen Gruppe ist in der Fig. 1, Bl. 26 in einfachen Linien dargestellt. (Die westliche Anlage ist entsprechend eingerichtet.) Die Figuren 2 bis 5 zeigen in grösserem Massstabe Einzelheiten eines kleineren Apparates, der jedoch in Bezug auf die Anzahl der Hebel abgesehen, für die Ausführung massgebend gewesen ist.

Auf einem der Länge nach durchgehenden ⌐-Eisen sind die gusseisernen Lagerböcke der Antriebsrollen durch Schrauben befestigt. In kleineren Zwischenräumen bis zu 1,41" ist das ⌐-Eisen durch Böcke unterstützt, welche ihrerseits die Last auf die I-Eisen des Fussbodens übertragen. An jeder Antriebsrolle ist ein 0,3" langer Hebel zum Drehen derselben befestigt. Mit diesem Hebel ist eine durch eine Spiralfeder gespannte Klinkvorrichtung verbunden, welche jedesmal bei den beiden Endstellungen des Hebels selbstthätig einschnappt und denselben festhält. Die Einrichtung ist so getroffen, dass dieselbe Hand, welche den Weichenhebel bewegt, gleichzeitig auch die Klinkvorrichtung nach Belieben auslösen kann.

Eine weitere Vorrichtung befindet sich an denjenigen Weichenhebeln, welche von den Signalen unabhängig gestellt werden, nicht. Bei der östlichen Gruppe sind die Weichen 10, 12, 13, 17, 26 und 32, deren Stellung für die Ein- und Ausfahrtswege gleichgültig ist, in den Verriegelungs-Verband nicht einbezogen. Für die bei Weitem grösste Zahl der Weichen ist jedoch noch eine Einrichtung nöthig, durch welche die in der Verschluss-Tabelle dargestellte Abhängigkeit zwischen den Stellungen der Signale und Weichen erreicht wird.

Hinter der Hebelreihe liegt, von dem Centralwärter aus gesehen, auf auskragenden gusseisernen Stützen a etwa in gleicher Höhe mit dem durchgehenden ⌐-Eisen eine Anzahl von Schubstangen b, — bei der beschriebenen Anlage 14 Stück, entsprechend der Anzahl der Verriegelungs-Hebel für die Ein- und Ausfahrt-Signale. Jede dieser neben einander gelagerten, hochkantig gestellten Schubstangen ist mit einem Verriegelungs-Hebel e so verbunden, dass bei Bewegung des letzteren auch die Schubstange parallel mit der Hebelreihe oder dem ⌐-Eisen verschoben wird. Hinter jedem Weichenhebel, der durch einen Verriegelungs-Hebel bei bestimmter Hebelstellung verschlossen werden soll, befindet sich an der betreffenden Schubstange ein hakenförmiger Ansatz, ein sog. Verschluss-Element.

Bei der Bewegung der Schubstange legt dieses Verschluss-Element einen Winkelhebel *d* fest, welcher seinerseits wieder die Klinkvorrichtung des Weichenhebels *e* unauslösbar, also den Weichenhebel unbeweglich macht.

Da die Schubstangen eben so lang sind, wie der ganze Apparat und da hinter jedem Apparat-Hebel sich ein Verschluss-Element anbringen lässt, so ist bei dieser Einrichtung die Möglichkeit vorhanden, unter Umständen jeden Weichen- und Signalhebel bei Fahrtstellung eines einzigen Signales in bestimmter Stellung verschlossen zu halten.

Indem der Verriegelungs-Hebel die mit ihm verbundene Schubstange verschiebt und gewisse Weichen und Signalhebel verschliefst, entriegelt er gleichzeitig den zu ihm gehörenden Signalhebel. Dadurch, dass schliefslich der Signalhebel gezogen, das Signal also auf „Fahrt“ gestellt wird, erfolgt gleichzeitig der Verschluss des Verriegelungs-Hebels, so dass thatsächlich jetzt weder ein feindliches Signal auf „Fahrt“ gestellt noch eine der verschlossenen Weichen umgelegt werden kann. Zu bemerken ist noch, dass mit demselben Verriegelungs-Hebel gleichzeitig das Neben-Signal, d. h. bei einfahrenden Zügen das Signal an der Hallenwand und bei ausfahrenden Zügen das Richtungs-Signal auf dem Weichenthurme gestellt wird.

d. Handhabung der Weichen- und Signal-Anlagen.

Zum besseren Verständnisse der vorbeschriebenen Anlage soll noch für das mehrfach erwähnte Beispiel (Einfahrt eines Zuges von Lehrte in Gleis III) nachstehend die Reihenfolge der einzelnen Handlungen kurz aufgeführt werden.

Sobald der Zug von der letzten Blockstation angemeldet ist, lässt der Stationsbeamte in Hannover durch Drehen der Induktions-Kurbel in dem östlichen Weichenthurme ein Weckersignal ertönen, wobei gleichzeitig die Blockfenster des Weges I an der Station und im Weichenthurme eine weiße Scheibe zeigen. Der Wärter erkennt hieraus, dass der Verriegelungs-Hebel des Weges I elektrisch frei gegeben ist. Er hat sich sodann durch Hinausblicken zu überzeugen, ob innerhalb des Weichenbezirkes der Einfahrtsweg nicht mit Fahrzeugen besetzt ist. Sollte dieser der Fall sein, so hat er durch Zuruf an die Rangir-Mannschaft die Räumung des Einfahrtsweges zu veranlassen. Nachdem letzterer frei ist, sind von dem Wärter die Weichen in die richtige Stellung zu bringen, es sind also, wenn die Weichen sich sämmtlich in normaler (+)-Stellung befinden, die Hebel der Weichen 9a, 21a, 36, 37, 39 und 40 umzulegen, so dass diese Weichen sich in anormaler, in der —-Stellung, befinden (vgl. die Verschluss-Tabelle Blatt 25, Fig. 3). Darauf hat der Wärter durch Umlegen der Verriegelungs-Hebel die eben genannten Weichen in der —-Stellung und die Weichen 5, 6, 7, 8, 11, 15a, 20a, 27a, 28a, 29a und 35 in der +-Stellung zu verriegeln, wobei

gleichzeitig das Einfahrt-Signal über dem Gleise III an der Hallenwand erscheint. Endlich hat er noch das eigentliche Abschluss-Signal und das damit verbundene Vorsignal zu stellen.

Nachdem der Zug eingefahren ist, erfolgen die entgegengesetzten Verrichtungen in umgekehrter Reihenfolge. Der Centralwärter stellt Vorsignal und Abschluss-Signal auf Halt zurück, entriegelt die Hebel der oben aufgeführten Weichen, wobei gleichzeitig das Signal an der Hallenwand auf „Halt“ zurückgeht, und lässt durch Drehen der Induktions-Kurbel in dem Weichenthurme und im Stations-Zimmer ein Weckersignal ertönen, wobei gleichzeitig die vorher weiß gemachten Blockfenster wieder roth werden. Endlich bringt der Wärter die Weichen in die normale Stellung zurück, wenn nicht durch inzwischen eingeleitete Rangir-Bewegungen andere Stellungen derselben bedingt werden.

e. Der Weichenthurm.

Im Erdgeschosse des Weichenthurmes (vgl. Fig. 1, Bl. 26; Fig. 4—7, Bl. 25), welches 25cm unter Schienenunterkante liegt, sind die Umlenkungs-Rollen der einzelnen Drahtleitungen angebracht. Um der Unverrückbarkeit der einzelnen Rollen sicher zu sein, hat man die Lagerböcke derselben mittels Steinschrauben an schweren Quadern befestigt. Vom Erdgeschosse führt eine leichte eiserne Wendeltreppe ins Hauptgeschoss.

f. Kosten der Anlage.

Nach dem für die ganze Anlage aufgestellten Anschlage waren die Kosten derselben zu 132 000 ℳ ermittelt. In Folge mehrfacher Erweiterungen des ersten Entwurfes durch Aenderungen an den Gleislagen, durch Aufstellung durchweg neuer Telegraphenmaste usw. sind die Kosten etwas höher geworden. Der Anschlag würde jedoch bei Innehaltung des ursprünglichen Planes nicht überschritten worden sein.

Hinsichtlich der wirthschaftlichen Nützlichkeit der Einrichtung ist noch zu bemerken, dass durch die centrale Stellung die persönlichen Kosten für 18 Mann Weichensteller und Hülfsweichensteller werden erspart werden. Die jährlichen Ersparnisse von rund 12 000 ℳ ergeben demnach etwa 8 % für die Verzinsung und Tilgung des Anlage-Kapitales, sowie für Unterhaltung und Erneuerung der Anlage. Außerdem wird der Vortheil der größeren Betriebs-Sicherheit erreicht, welcher sich allerdings nicht ziffermäßig nachweisen lässt.

D. Futtermauern.

An denjenigen Stellen, wo innerhalb des Weichbildes der Stadt Hannover der Bahnkörper durch Straßen eingeengt ist, oder an welchen der Ankauf kostspieliger Grundstücke vermieden werden musste, ist der Bahndamm durch in gelben Ziegeln ausgeführte Futtermauern begrenzt, deren Bauart in der Deutschen Bauzeitung 1877, S. 222 u. f. näher beschrieben wurde. Die Gesammtlänge der angeführten Futtermauern, welche auf Bl. 2, Fig. 4 in starken schwarzen Linien dargestellt sind, beträgt rund 1800 ^{m}, wofür 370860 $\mathcal{M}$, also f. d. ^{m} rund 206 $\mathcal{M}$ veranagabt sind.

Bei den ersten Ausführungen waren die Pfeiler, sowie die Gewölbe über dem Sockel zur Verhinderung des Aufsteigens der Erdfeuchtigkeit mit einer 1 ^{cm} starken Asphaltschicht abgedeckt. Diese Schicht wurde an einigen Stellen bei hoher Temperatur am vorderen Theile weich und gab dadurch Veranlassung zu geringen Verschiebungen einiger Pfeiler. Eine Ersetzung der Asphaltschicht durch eine Cementschicht hat diesen Uebelstand beseitigt.

Im Uebrigen haben sich die Futtermauern gut gehalten.

E. Die Strassen-Unterführungen.

Die zur Unterführung der verschiedenen Strassen dienenden Bauwerke sind je nach Lage der örtlichen Verhältnisse gewölbt, oder mit eisernen Ueberbauten ausgeführt. Bei den letzteren ist für jedes Gleis ein besonderer Ueberbau angeordnet.

Im Folgenden sollen hier nur die bemerkenswerthesten Unterführungen beschrieben werden.

1. Unterführung der Strasse „Am Schiffgraben".

Für die unter einem Winkel von 55 ° 46' die Bahnachse schneidende Strasse „Am Schiffgraben" ist eine Unterführung von 15 ^{m} rechtwinkliger Lichtweite und 4.26 ^{m} Lichthöhe erbaut.

Die zur Verfügung stehende Höhe zwischen Strassenkrone und Schienenoberkante betrug nur 4,9 ^{m}, die zur Konstruktion des Ueberbaues verfügbare Höhe bei 1:3 ^{m} Schienenhöhe also 4,9 — (4,25 + 0,13) = 0,52 ^{m}. Hiernach konnte nur ein Ueberbau mit eisernen Trägern in Frage kommen. Die Anwendung von Trägern, welche über Schienenoberkante hinausragen, war hier ausgeschlossen, weil diese Träger eine grössere Entfernung der Gleise von einander, also eine grössere, jedoch wegen des beschränkten Raumes unzulässige Länge des ganzen Bauwerkes bedingt haben würden. Aus diesen Gründen wurden unter den Schienen liegende Bogenträger gewählt und diese in Fachwerk ausgebildet, um der Unterführung möglichst viel Licht von den Stirnseiten zuzuführen.

Ueber die Unterführung, welche auf den Blättern 28 und 29 dargestellt ist, sind 6 Gleise gestreckt, von denen die 5 nördlichen in einer Kurve von 450 ^{m} Halbmesser liegen, während das 6., südliche Gleis in einer, die Strassenachse unter einem Winkel von 53 ° 24' (gegen 55 ° 46' der 5 nördlichen Gleise) kreuzenden Geraden liegt. Die Hauptträger, welche für jedes Gleis 2,40 ^{m} von Mitte zu Mitte einander entfernt liegen und auf 2 Kämpfergelenken ruhen, haben für das südlichste Gleis 19,3 ^{m}, für die übrigen Gleise 18,75 ^{m} Stützweite und sind in 11 gleiche Felder getheilt (s. Bl. 28, Fig. 4). Dieselben unterstützen Querträger mit zwischengespannten Schwellenträgern. Auf letzteren liegende, der Gleisneigung entsprechend geschnittene Schwellen

unterstützen die Schienen und den mit Dachpappe überdeckten Bohlenbelag.

Zur Aussteifung der Hauptträger unter sich sind, ausser dem wagerechten, unter den Querträgern angebrachten Windverbande, die Vertikalen der Knotenpunkte 1 und 2 bezw. 11' u. 12' (Fig. 4) des einen Hauptträgers mit den Vertikalen des Knotenpunktes 1' bezw. 12' des anderen Hauptträgers durch je 2 Winkeleisen mit zwischengespannten Flacheisen-Kreuzen, die Vertikalen 2 und 3 bezw. 10' und 11' mit den Vertikalen 2' und 3' bezw. 10 und 11 durch ein am oberen Ende angebrachtes Winkeleisen verbunden.

Die Anordnung der einzelnen Eisentheile ist aus der Zeichnung Bl. 29 näher ersichtlich.

Die Berechnung der Spannungen in den Hauptträgern ist nach Mohr's Verfahren (s. 1874, S. 223) durchgeführt. Dabei wurden folgende Belastungen angenommen:

1) Eigengewicht f. d. lfd. ^{m} Gleis:

Bohlenbelag .... 180 ^{kg}

Schwellen .... 71 ^{kg}

Schienen .... 52 ^{kg}

Gewicht der Brücke .... 810 ^{kg}

zusammen .... 1143 ^{kg},

demnach Knotenpunkts-Belastung $\frac{1143 \cdot 1,5}{2}$ = etwa 1 ^{t}.

2) Zur Ermittelung der durch Temperatur-Aenderungen hervorgerufenen Spannungen ist angenommen, dass die Temperatur zwischen + 40° und - 30° C. wechseln und die Aufstellung bei mittlerer Temperatur erfolgen. Für die Berechnung war daher ein Temperaturwechsel von 30° C. (nach beiden Richtungen hin) anzunehmen.

3. Als Verkehrs-Belastung sind zwei Lokomotiven (s. Fig. 5) mit einem Drucke der Triebräder von 6,5 ^{t} und der Laufräder von 3,5 ^{t} angenommen. Diese Lokomotiven sind, je nachdem die eine oder andere Stellung für den fraglichen Brückentheil die stärkste Beanspruchung bedingt, entweder mit den Schienensträngen gegen einander geschoben, oder einzeln mit oder ohne Tender gedacht worden, indem die jedesmalige ungünstigste Stellung graphisch ermittelt ist.

Für jede der drei vorstehend bezeichneten Inanspruchnahmen sind die Spannungen in den einzelnen Theilen besonders berechnet und dann addirt. Für die gedrückten Theile ist mit dem bekannten Knickungs-Koefficienten 0,00... $\frac{F'}{J}$ + 1 gerechnet worden.

Die zulässige Inanspruchnahme hat man für die obere Gurtung und die Wandglieder, in denen bei verschiedener Belastung Zug und Druck wechseln, zu 650 ^{kg}, für die untere, stets gedrückte Gurtung zu 800 ^{kg}, für die als Blechbalken angeordneten Fahrbahnträger zu 600 ^{kg} angenommen.

Das gemauerte Widerlager hat in der Sohle eine Breite von 5,5 ^{m} erhalten, damit die Resultirende sämmtlicher zu berücksichtigenden Kräfte die Grundmauersohle innerhalb des mittleren Drittels schneide. Soweit thunlich ist das Mauerwerk aus Bruchsteinen, und erst im oberen Theile, wo Schubspannungen in den Lagerfugen auftreten, ist dasselbe bis zur Oberkante der Widerlagsquadern aus Ziegelsteinen in Cementmörtel ausgeführt worden (s. Bl. 28, Fig. 3). Das über den Widerlag-Steinen lediglich als Stützmauer für die Dammschüttung dienende Mauerwerk ist in

Kalkmörtel hergestellt. Sämmtliche sichtbare Flächen des Mauerwerkes sind mit gelben Ziegeln verblendet.

Das Gewicht des Eisenwerkes an jedem der 6 Ueberbauten beträgt 19 000 ᵐ Schmiedeeisen und 930 ᵐ Gusseisen, oder bei 19,3 ᵐ Stützweite etwa 1000 ᵐ f. d. lfd. ᵐ Gleis. Die Gesammtkosten der Unterführung betragen 100 910 ℳ.

II. Unterführung der Königstraße.

Diese 16 ᵐ im Lichten weite Unterführung ist, wie die Zeichnungen auf Blatt 30 ergeben, gewölbt ausgeführt. Der Pfeil des Gewölbes beträgt 2,15 ᵐ = ¹/₇, der Spannweite. Das Gewölbe, welches aus hart gebrannten Ziegeln in verlängertem Cementmörtel hergestellt und nur in den Stirnen mit Sandstein-Werkstücken verblendet ist, hat im Scheitel und auf die mittleren 4,4 ᵐ der Bogenlänge 0,45 ᵐ Stärke, im übrigen bis zum Kämpfer 0,17 ᵐ. Die Widerlager und Gewölbe sind mit Greppiner Ziegeln, die Stirnbögen und Ecken mit Hausteinen verblendet. Die Lichte Höhe der Unterführung beträgt in der Mitte 4,26 ᵐ, die Länge 59,₀₀ ᵐ. Die Lage der über der Unterführung befindlichen Gleise machte es möglich, in 17,7 ᵐ Entfernung von der südlichen Stirn eine über die ganze Weite des Gewölbes sich erstreckende Lichtöffnung von 4,5 ᵐ Breite herzustellen, welche zur Erhellung der Unterführung wesentlich beiträgt. Die Widerlager sind aus hart gebrannten Ziegeln in verlängertem Cementmörtel hergestellt und die Lagerfugen der Richtung der Drucklinie entsprechend angeordnet. Zur Ersparung von Mauerwerk ist das Widerlager nicht voll ausgeführt, sondern, wie aus Blatt 30 ersichtlich, mit Aussparungen versehen. Um das Kippen der Widerlager vor der Einwölbung zu verhindern, sind Strebepfeiler von 0,35 ᵐ Stärke in je 2 ᵐ Entfernung aufgeführt und dann auf beiden Seiten Blendwände von 0,51 ᵐ Stärke zur Einfassung der Straße hergestellt. Diese Blendmauern, sowie die Flügel, die Stirnen und die unteren Flächen der Gewölbe sind mit Greppiner Ziegeln verblendet.

Das Gewölbe wurde mit sehr engen Fugen und so sorgfältig ausgeführt, dass nach dem Ausrüsten nur eine Senkung des Scheitels von 1,5 ᵐᵐ sich ergab.

Bei der Anordnung des Lehrgerüstes (Bl. 30, Fig. 2) musste auf den lebhaften Verkehr in der Königstraße Rücksicht genommen werden. Demgemäß waren zwei, im Lichten 3 ᵐ breite Oeffnungen für Fuhrwerk, und auf beiden Seiten je ein Durchgang von 1,6 ᵐ Breite für die Fußgänger hergerichtet.

Zur Unterstützung der 1,5 ᵐ von einander aufgestellten Lehrbögen haben Sandtöpfe von 25 ᶜᵐ Durchmesser und 25 — 30 ᶜᵐ Höhe mit 2 ᶜᵐ starken Wandungen Verwendung gefunden, deren Entleerung durch eingesteckte und beim Ausrüsten gleichzeitig beseitigte Stöpsel bewirkt wurde. Die Senkung erfolgte auf diese Weise ganz gleichmäßig, und so rasch, dass das Gewölbe innerhalb 15 Minuten überall frei stand.

Bei der graphischen Berechnung des Gewölbes wurde die Annahme zu Grunde gelegt, dass (aber bis zum Scheitel vorgeschobenen Lokomotive entsprechend) eine bewegliche Last, durch eine Uebermauerung von 0,₄ ᵐ Höhe ausgedrückt, vom Scheitel des Bogens ab bis auf 2,4 ᵐ Abstand von demselben den Bogen bedecke; von diesem Punkte aus ist die Uebermauerung bis zum Kämpfer auf 0,₅ ᵐ Stärke herabgehend gedacht. Für das Mauerwerk und die Ueberschüttung ist ein Gewicht von 1600 ᵐ f. d. ᶜᵇᵐ angenommen.

Unter diesen Annahmen genügt der Kernbogen — das mittlere Drittel des Gewölbes, um eine unsymmetrische Drucklinie für einseitige Belastung zu ermöglichen. Die stärkste Beanspruchung ergiebt sich zu 8,₅ ᵐᵗ; der etwas hohe Betrag derselben ist durch die geringe vorhandene Konstruktionshöhe bedingt, erscheint aber bei dem gut ausgeführten Klinker-Mauerwerke statthaft. Die größere Gewölbstärke am Kämpfer ist so weit hinausgeführt worden, wie die verfügbare Konstruktionshöhe es zuließ, und wurde dann um ¼ Steine vermindert.

Gesammtkosten 143 140 ℳ, oder 1631 ℳ f. d. lfd. ᵐ Länge.

F. Ausführung des Umbaues.

Der Umbau des Bahnhofes Hannover, welcher wegen der beschränkten Raumverhältnisse, sowie namentlich dadurch äußerst schwierig sich gestaltete, dass der gesammte, sehr lebhafte Eisenbahnbetrieb während der Bauzeit über einen räumlich sehr beschränkten Theil des Hauptplatzes seiner ganzen Länge nach geführt werden musste, wurde dadurch eingeleitet, dass zunächst der Bau eines zeitweiligen Bahnhofes, welcher den Personen- und Eilgutverkehr während des Umbaues aufzunehmen bestimmt war, in Angriff genommen, sowie der Bau des Werkstätten-Bahnhofes Leinhausen in's Werk gesetzt wurde.

I. Zeitweiliger Bahnhof.

Der Bau des zeitweiligen Bahnhofes, für dessen Lage ein an der Ostseite des Babu von Hannover nach Kassel (Frankfurt) gegenüber dem damaligen Hannover-Altenbekener Bahnhofe belegenes, von dem Magistrate der Stadt Hannover zur Verfügung gestelltes Grundstück (s. Bl. 2, Fig. 1) gewählt war, begann im Frühjahre 1875 und wurde binnen Jahresfrist vollendet, so dass am 15. Mai 1876 der Personen- und Eilgut-Verkehr von dem alten nach dem zeitweiligen Bahnhofe verlegt und dadurch für den Umbau Raum geschaffen werden konnte.

Die zeitweilige Bahnhofs-Anlage, welche sich in jeder Weise bewährt hat, ist auf dem Plane Fig. 1, Blatt 2 in dem Hauptlinien punktirt angedeutet.

Die sämmtlichen Gebäude dieser Zwischen-Anlage, bestehend in einem zweistöckigen, 94 ᵐ langen, 16 bezw. 19 ᵐ breiten Empfangs-Gebäude (s. Bl. 28, Fig. 6), einem daran stoßenden Wirthschafts-Gebäude, einem Postgebäude, einem Eilgut-Schuppen, einem Lokomotiv-Schuppen, mehreren Aborten und einigen für die Zwecke des Betriebes bestimmten Gebäuden und Stallgebäuden, waren in einfachster Weise als Fachwerkbauten ausgeführt und mit Dachpappe gedeckt. Ebenso waren die theils gepflasterten, theils mit Sandsteinplatten, theils mit Kies abgedeckten Perrons auf die Länge des Empfangs-Gebäudes in einfachster Weise mit hölzernen Hallen überdeckt.

Die Kosten der gesammten Zwischen-Anlage einschl. der Anschluss-Strecken haben sich, nach Abzug der Erlöse aus dem Verkaufe bezw. der Wiederverwendung der Materialien, auf 745 000 ℳ belaufen. Das Empfangs-Gebäude selbst erforderte einen Kostenaufwand von 70 ℳ f. d. ℔.

II. Weitere Durchführung des Umbaues.

Sofort nach Inbetriebnahme des zeitweiligen Bahnhofes wurde mit dem Abbruche des alten Empfangs-Gebäudes am Ernst-August-Platze begonnen und der Bau des neuen Empfangs-Gebäudes in Angriff genommen. Inzwischen war auch mit dem Baue des neuen Rohgüter-Bahnhofes am Möhringsberge (Fig. 2, Bl. 2) begonnen und dieser Bau bis zum 1. Nov. 1876 so weit fortgeschritten, dass die z. Z. auf dem alten Rohgüter-Bahnhofe befindlichen Lagerplätze nach der neuen Stelle verlegt und der auf dem alten Bahnhofe dadurch gewonnene Platz theilweise zur Anlage zeitweiliger Aufstell-Gleise usw. benutzt werden konnte. Es wurde dadurch möglich, den nördlich von den Hauptgleisen zwischen der Celler und der Vahrenwalder Straße belegenen Theil des Rohgüter-Bahnhofes (den sog. Hagenkamp) (D'' in Fig. 1, Bl. 2) aufzugeben.

Um den Bahnkörper zwischen dem alten Rohgüter-Bahnhofe und dem Rangir-Bahnhofe Hainholz anschütten zu können, verringerte man zunächst die Anzahl der an dieser Stelle vorhandenen Gleise von 5 auf 3 und legte dadurch die Grundfläche für die Herstellung des Bahnkörpers frei. Der Damm, zu welchem die Erde theils aus dem Abtrage des Werkstätten-Bahnhofes Leinhausen, theils aus einem Höhenzuge bei dem Dorfe Steblingen (7,5 ᵏᵐ nordwestlich von Leinhausen) entnommen worden ist, wurde, soweit die örtlichen Verhältnisse es zuließen, geschüttet, wobei die Straßen theilweise erst durch vorläufige Brücken überspannt wurden. Des beschränkten Raumes wegen musste man stellenweise, so namentlich in der Nähe der Celler und der Fernroder Straße, zu vorläufigen Stützmauern und zur Aufhöhung des geschütteten Dammes durch aufgestapelte Schwellen schreiten, um die erforderliche Höhe für die Ueberbrückungen der Straße zu gewinnen.

Bei weiterem Vorrücken des neuen Bahnkörpers musste man bei der Fernroder Straße (s. Bl. 2, Fig. 2) mit dem Erdfördergleise die Betriebsgleise, welche zur Gewinnung eines thunlichst großen Bauplatzes in der Nähe des Empfangs-Gebäudes möglichst weit nach Norden verschoben waren, überschreiten. Es geschah dies mittels einer Arbeitsbrücke, indem zugleich die Betriebsgleise um 1 ᵐ gesenkt wurden.

Auf der Ostseite des Personen-Bahnhofes konnten inzwischen einzelne der Straßen-Unterführungen in Angriff genommen werden, soweit die hart neben den Baustellen vorbeiführenden, tief liegenden Betriebsgleise dieses gestatteten, und die zu dieser Zeit noch schwe-

benden Verhandlungen über die Einführung der Hannover-Altenbekener Bahn in den Personen-Bahnhof am Ernst-August-Platze es thunlich erscheinen ließen. Am 1. Okt. 1877 wurden der neue Güter-Bahnhof und der neue Rohgüter-Bahnhof in Betrieb genommen und gleichzeitig die alten Anlagen außer Betrieb gesetzt. Bei diesem Stande des Baues war es ausführbar, die Betriebsgleise zwischen dem Rangir-Bahnhofe Hainholz und dem alten Personen-Bahnhofe auf 2 einzuschränken und dieselben zwischen der Vahrenwalder und der Fernroder Straße so weit nach Süden zu verschieben, dass mit Ausnahme des Fernroderstraßen-Unterführung allmählich übrigen, auf der Westseite des Personen-Bahnhofes belegenen Unterführungen vollständig hergestellt und die Dammschüttungen in der, für 2 Gleise erforderlichen Breite ausgeführt werden konnten.

Zu gleicher Zeit gestattete es der Fortgang des Baues auf dem Werkstätten-Bahnhofe Leinhausen, die Abtheilung der Werkstätten, welche in zeitweiligen Gebäuden auf der Bult (E'' in Fig. 1, Blatt 2) untergebracht war, nach dem neuen Werkstätten-Bahnhofe Leinhausen zu verlegen und dadurch auch auf der Ostseite des Personen-Bahnhofes die Grundfläche für den Umbau frei zu legen.

Nachdem im Anfange des Jahres 1878 eine Einigung über die Art der Einführung der Hannover-Altenbekener Bahn in den Bahnhof der Staatsbahn erzielt war, konnten die sämmtlichen Straßen-Unterführungen in den betreffenden Strecken der Bahnarme Hannover-Berlin und Hannover-Kassel (Frankfurt) theilweise ganz, theils bis an die alten tiefliegenden Betriebsgleise, außerdem die Futtermauern längs der Straße Am Bahnhofe und der Hansastraße (Fig. 4, Bl. 2) ausgeführt und die in den betreffenden Strecken liegenden Dämme geschüttet werden.

Ein wichtiger Zeitpunkt war es, als in der ersten Hälfte des Jahres 1878 die gesammten, neben dem Personen-Bahnhofe belegenen Werkstätten-Anlagen (E'' in Fig. 1, Bl. 2) nach dem neuen Werkstätten-Bahnhofe Leinhausen übersiedeln konnten, indem hiernach Anfang Juli 1878 der Betrieb auf der Fläche des alten Bahnhofes sich lediglich auf die Benutzung der beiden Hauptgleise, der alten Lokomotivschuppen und der Gasanstalt beschränkte. Die letztere wurde jedoch schon Ende August 1878 ebenfalls aufgegeben und die neue Gasanstalt in der Nähe des Rangir-Bahnhofes Hainholz in Betrieb gesetzt (Fig. 2, Bl. 2).

Die Abtragung des Dammes der früher erwähnten hochliegenden Verbindungsbahn zwischen dem Hannover-Altenbekener Bahnhofe am Bischofsholer Damme und dem Rangir-Bahnhofe Pferdethurm auf der Süd-Ost-Seite des alten Bahnhofes (s. Fig. 1, Bl. 2) war inzwischen ebenfalls in Angriff genommen, nachdem die Uebergabe der Güterzüge zwischen der Hannover Altenbekener Eisenbahn und der Staatsbahn, welche bis dahin auf dem Rangir-Bahnhofe Pferdethurm stattgefunden hatte, durch eine Gleisverbindung am Südende des zeit-

4 ᵃ

weiligen Bahnhofes mit dem Altenbekener Bahnhofe eingerichtet war.

Für die Güterzüge in der Richtung von und nach Lehrte hatte man, um dieselben nicht über den zeitweiligen Bahnhof führen zu müssen, ein einstweiliges Gleis von den Hauptgleisen in der Nähe der Gutenberg-Straßen-Unterführung abgezweigt (s. Fig. 2, Bl. 2), welches, dem neuen Damme entlang laufend, sich dem Rangir-Bahnhofe Pferdethurm gegenüber wieder an die vorhandenen alten Gleise der Strecke Hannover-Lehrte anschloss.

Auch auf der Ostseite des alten Bahnhofes musste man, um die Schüttung des Dammes für die Strecke Hannover-Lehrte ausführen zu können, zwischen der Gutenberg-Straße und der Stadtstraße (s. Fig. 2, Bl. 2) eine Arbeitsbrücke über die tiefliegenden Hauptgleise, welche zu dem Ende am 1,8 " gesenkt waren, erbauen.

Da diese Arbeitsbrücke, sowie auch die auf der Westseite des Bahnhofes hergestellte, später bei Ueberleitung des Betriebes aus der tiefen Lage in die hohe Lage zugleich für die fahrplanmäßigen Züge benutzt werden sollten, wurden dieselben mit der zu diesem Zwecke erforderlichen Sicherheit gebaut, jedoch zur Verminderung der Einsenkung der tiefliegenden Gleise so hoch gelegt, dass die hochliegenden Gleise eine geringe Ueberhöhung gegen die endgültige Lage erhalten mussten.

Trotz des ungünstigen Winters 1878/79 rückten die Bauten in erfolgreicher Weise vor, so dass bereits Mitte April 1879 die Güterzüge mittels der vom Rangir-Bahnhofe Hainholz aufsteigenden Rampe über den hochliegenden Bahnkörper geführt und am 24. Juni desselben Jahres der gesammte Personen- und Eilgut-Verkehr wieder in die Stadt zurückverlegt werden konnte.

Gleichzeitig wurde der Betrieb auf dem zeitweiligen Bahnhofe eingestellt. Dieser Bahnhof hat demnach, vom 15. Mai 1876 bis 24. Juni 1879, etwas über drei Jahre, seinem Zwecke gedient.

Mit der Zurückverlegung des Bahnhofes in die Stadt war der schwierigere Theil des Umbaues erledigt. Es kam jedoch nunmehr, da der Bahnkörper auf dem

eigentlichen Personen-Bahnhofe und auf den angrenzenden Bahnstrecken vorläufig nur in geringer Breite ausgeführt, die Betriebs-Verwaltung folglich in der Benutzung von Gleisen sehr beschränkt war, darauf an, mit thunlichster Beschleunigung den Bahnkörper zu verbreitern und unter Beseitigung der beiden Arbeits-Brücken auf der Ost- und Westseite des Bahnhofes die Ausfüllung der für die früheren, tiefliegenden Betriebsgleise offen gelassenen Lücken zu bewirken. Zu diesem Zwecke waren neben den Arbeits-Brücken Erdmassen im Vorrath gelagert, welche in kurzer Zeit in den Damm eingebaut werden konnten.

Um ein möglichst gutes Setzen der zwischengeschütteten Dammstrecken zu erzielen, wurden die eingebauten Erdmassen während des Schüttens reichlich bewässert und theilweise gestampft.

Anfang Nov. 1880 waren auch diese letzten Theile des Bahnkörpers so weit hergestellt, dass der Bahnhof in seinem ganzen Umfange in Benutzung genommen werden konnte. Die Einführung der Züge der Hannover-Altenbekener Bahn in den neuen Personen-Bahnhof hatte schon im Frühjahre 1880 stattgefunden.

Der gesammte Umbau des Bahnhofes Hannover hat, wenn von dem Beginne des zuerst in Angriff genommenen Werkstätten-Bahnhofes Leinhausen (Mitte des Jahres 1874) an gerechnet wird, etwa 6 Jahre, der Umbau des Personen-Bahnhofes allein etwa 4½ Jahre in Anspruch genommen. Die Verlegung des Personen-Verkehrs nach dem zeitweiligen Bahnhofe, welche wegen der nicht unbeträchtlichen Entfernung desselben von dem Verkehrs-Mittelpunkte der Stadt von der Bevölkerung unangenehm empfunden wurde, hat, wie bereits erwähnt, wenig länger als 3 Jahre gewährt.

III. Die Kosten des Umbaues

einschl. aller Neben-Anlagen haben rund 21 260 000 ℳ betragen. An Rück-Einnahmen, als: durch den Werth frei gewordener Grundstücke, Beiträge der Stadt Hannover zu verschiedenen Bauwerken, Kanälen usw. werden gedeckt rund 1 780 000 ℳ. Hiernach bleibt der Kostenaufwand 19 480 000 ℳ.

Zusammenstellung der Kosten usw. der bedeutendsten Bauwerke des Personen-Bahnhofes Hannover.

Lfd. Nr.	Bezeichnung des Bauwerkes	Gesammt-kosten der Ausführung ℳ	Bebaute Grundfläche qm	Kosten f. d. qm bebauter Grundfläche ℳ	Kubischer Inhalt des Bauwerkes cbm	Kosten f. d. cbm Bauwerk ℳ
1.	a. Empfangs-Gebäude; die Gesammtkosten der Ausführung, einschl. der Aborts-Anlagen, welche in einem unterkellerten Tunnel neben dem Empfangs-Gebäude unter dem I. Perron liegen, betragen 1 279 000 ℳ. Die Kosten des Aborts-Tunnels betragen rund 50 000 ℳ, es verbleibt demnach für das Empfangs-Gebäude rund (bei der Angabe der bebauten Grundfläche und des kubischen Inhaltes des Empfangs-Gebäudes in den nebenstehenden Spalten ist der Aborts-Tunnel nicht mit gerechnet.)	1 229 000	4 040	304	78 560	16,1
	b. Innere Ausstattung der Warteställe usw. des Empfangs-Gebäudes	70 000				

Lfd. Nr.	Bezeichnung des Bauwerkes	Gesammt- kosten der Ausführung ℳ	Bebaute Grundfläche qm	Kosten f. d. qm bebauter Grundfläche ℳ	Kubischer Inhalt des Bauwerkes cbm	Kosten f. d. cbm Bauwerk ℳ
2.	3 Personen-Tunnel, ein Tunnel von 7 m und zwei Tunnel von je 4 m Weite .... Der mittlere, 7 m weite Tunnel hat 84,1 m Länge; die seitlichen, 4 m weiten Tunnel sind je 88,1 m lang.	230 600	—	—	—	—
3.	Wasserdruck-Hebewerke mit Dampfmaschinenhaus, des Eilgut-, Post- und Gepäck-Tunnels	272 440	—	—	—	—
4.	a. Eiserne Perronhallen	546 980	13 680	40,1	—	—
	b. Säulen-Fundamente derselben	28 450	—	—	—	—
5.	Freistehender Speisecanal unter der zweiten Perronhalle auf dem Berlin-Kölner Perron	28 680	162	177,1	970	29,1
6.	3 Stück freistehende Perron-Aborts-Gebäude, einschl. der Desinfektions-Einrichtung und der Wasser-Zu- und Ableitung, einschl. der sonstigen inneren Ein- richtung	21 375	—	—	—	—
	Also für jedes Aborts-Gebäude..................	7 125	31	216	119	60
7.	Eilgut-Schuppen nebst anschliessendem zweistöckigen und unterkellerten Abfertigungs-Gebäude	64 100	680	92,1	6700	9,6
8.	Rampen-Anlage neben dem Eilgut-Schuppen zum Ver- laden von Vieh und Fuhrwerken	34 080	—	—	—	—
9.	Lokomotiv-Schuppen mit 31 Ständen, einschl. der Dreh- scheiben, der Aborts-Anlage, einer Futtermauer, sowie der Entwässerungs-Anlage und Anlage der neben dem Schuppen befindlichen kleinen Schmiede bezw. Werkstatt	205 080	—	—	—	—
	Für 1 Lokomotivstand	6 613,0	—	—	—	—
10.	Wagenschuppen zur Unterbringung von Salonwagen....	4 730	290	16,3	1927	2,4
11.	Kohlen-Ladebühne mit Trichter-Vorrichtungen zum Ver- laden der Kohlen, sowie mit Schuppen für Holz, Reiserwellen usw. und mit Aufenthaltsräumen für den Aufseher und die Arbeiter der Bühne	32 510	—	—	—	—

Brücken, der Reihe nach aufgeführt, von Westen beginnend (vgl. den Plan auf Bl. 2.

12. Unterführung des Herrenhäuser Dorfweges, des Unter-Ausfahrtsgleises und der Werkstätten- gleise. Die Wege-Unterführung ist rechtwinklig gewölbt von 8 m Weite und 4,3 m Lichter Höhe. Gewölbstärke 0,34 m. Die anderen beiden, damit verbundenen Unterführungen sind stark schiefwinklig und haben eiserne Ueberbauten (Blechträger). Die Unterführung des Güter-Ausfahrtsgleises hat 22° Schielwinkel, 4 m rechtwinklige, 10,6 m schief- winklige Weite. Die Unterführung der beiden Werkstätten- gleise unter 30° hat zwei Oeffnungen von je 4 m rechtw. oder 4 m schiefe Weite. Die sich kreuzenden Gleise haben 6,4 m Höhen-Unterschied. Zwei Gleise sind übergeführt, u. zw. jedes für sich. Die Fahrbahn liegt zwischen den Trägern, die Schienen sind auf hölzernen Querschwellen befestigt. Gewicht an Schmiedeisen 49 800 kg, an Guss- eisen 1744 kg. — Grundmauern aus Bruchstein, sonst Ziegel. Hohlräume der Pfeiler als Gerätekammern eingerichtet, mit 0,30 m starken Kappen überwölbt. Gesammtkosten .... 56 640 ℳ oder für jede Gleis-Ueberführung.......... 28 320 ℳ.

13. Unterführung des Burgweges, rechtw., von 6 m Weite und 4 m Lichter Höhe, 4,1 m vom Wege bis S. O.). Grund- mauern aus Bruchstein, Gesimse und Abdeckungen aus Sandstein, sonst Ziegel. Zwei Gleise sind unabhängig mit Blechträgern übergeführt; die Schienen sind mit Stuhleisen auf Querträgern befestigt. 10 630 kg Schmiedeisen. 405 kg Gusseisen. Gesammtkosten...................... 10 630 ℳ oder für jede Gleis-Ueberführung.............. 5 315 ℳ.

14. Unterführung des Engelbosteler Dammes, 47° Schnittwinkel, K, = rechtw. Weite, 12,6 m schiefe Weite. Lichte Höhe 4,6 m (4,71 m von Strasse bis S. O.). Bauer- werk wie bei 13. Zwei Gleise unabhängig mit Blech- trägern übergeführt; Fahrbahn zwischen den Trägern, Schienen auf hölzernen Querschwellen. 21 800 kg Schmied- eisen, 944 kg Gusseisen. Gesammtkosten........ 23 550 ℳ, oder für jede Gleis-Ueberführung........ 11 775 ℳ.

15. Unterführung der Strasse „Unter-Schönewortth", rechtw., gewölbt, von 5 m Weite und 3,35 m Lichter Höhe in der Mitte; Gewölbstärke 0,31 m. Grundmauern aus Bruch- stein, Gesimse und Abdeckungen aus Sandstein, sonst Ziegel. Uebergeführt werden zwei Gleise. Gesammt- kosten....................... 10 710 ℳ, oder für jede Gleis-Ueberführung............. 5 355 ℳ.

16. Unterführung der (früher geplanten) Barberger Gütergleise, 50½° Schnittwinkel, 8 m schiefe Weite, 11,4 m schiefe Weite. Höhen-Unterschied der Gleise 5,9 m. Bauer- werk wie bei 13. Zwei Gleise unabhängig mit Blechträgern übergeführt; Anordnung der Fahrbahn wie bei 14. 17 800 kg Schmiedeisen, 560 kg Gusseisen. Gesammtkosten 21 680 ℳ, oder für jede Gleis-Ueberführung............. 10 760 ℳ.

17. Unterführung der Sandstrasse, rechtw., 10 m Weite, von Strasse bis S. O. 3,3 m Höhe. Bauerwerk wie bei 13. Vier Gleise unabhängig mit Blechträgern übergeführt; Fahrbahn zwischen den Trägern, Schienen mittels Klemm- platten auf kleinen Längenträgern befestigt. 26 230 kg Schmied- eisen, 1050 kg Gusseisen. Gesammtkosten .... 26 320 ℳ, oder für jede Gleis-Ueberführung............. 6 580 ℳ.

18. Unterführung der Vahrenwalder Straße, 57°94′ Schnittwinkel, 50 = rechtw. Weite, 4,4 = lichte Höhe. Grundmauern aus Bruchstein, Gesimse und Abdeckungen aus Sandstein, das Uebrige aus Ziegeln, mit gelben Groppiner Steinen verblendet. Vier Gleise unabhängig übergeführt; Halbparabelträger von 24,7 = Länge, 3,11 = Höhe in der Mitte, 1,11 = an den Enden; Schienen mittels Stühlchen auf Querträgern befestigt. 110 520 M Schmiedeisen, 3670 M Gusseisen. Gesammtkosten .... 103 750 M, oder für jede Gleis-Unterführung .... 25 934 M.

19. Unterführung der Callerstraße, Schnittwinkel bei zwei Gleisen 74°48′, bei vier Gleisen 77°34′; 14,3 = rechtw. Weite, lichte Höhe in der Mitte 4,7 =. Mauerwerk wie bei 18. Sechs Gleise unabhängig übergeführt; Bogenträger mit vollen Blechwänden und mit Kämpfer-Gelenken, von 15,8 = Länge und 1,11 = Pfeilhöhe. Fahrbahn oben; Schienen auf hölzernen Querschwellen. 66 130 M Schmiedeisen, 4404 M Gusseisen. Gesammtkosten .... 56 370 M, oder für jede Gleis-Unterführung .... 9 395 M.

20. Unterführung der Fereroderstraße, rechtwinklig, 12 = Weite, 4 = lichte Höhe. Mauerwerk wie bei 18. Sechs Gleise unabhängig mit Blechträgern übergeführt. Fahrbahn zwischen den Trägern; Schienen mittels Stühlchen auf Querträgern befestigt. 86 780 M Schmiedeisen, 1130 M Gusseisen. Gesammtkosten .... 53 180 M, oder für jede Gleis-Unterführung .... 8 855 M.

21. Unterführung zwischen Post und dem Empfangs-Gebäude, rechtwinklig, gewölbt, 15 = Weite, 4,3 = lichte Höhe, 87,11 = Länge, 2 = Pfeilhöhe. Gewölbe unter den Gleisen aus Werksteinen, 0,11 = im Scheitel, 0,45 = am Kämpfer stark; zwischen den Gleisen ist mit Ziegeln in 0,91 = Stärke gewölbt. Inanspruchnahme der Werksteine 21 =, der Ziegel 7 =. Widerlager als Fortsetzung des Gewölbes angeordnet. Schienen, Abdeckungen, Sockel und Ecken aus Sandstein, im Uebrigen Ziegel unter Verblendung mit gelben Groppiner Steinen. Erleuchtung durch drei Lichtschachte von 2,3 =, 3 = und 3,11 = Breite und einer Länge gleich der ganzen Weite der Unterführung, nach oben hin noch bis auf 18,4 = erweitert. Die Fahrbahn unter der Unterführung ist aus Stampf-Asphalt hergestellt. Gesammtkosten .... 154 000 M, oder f. d. lfd. = Länge .... 1 755 M.

22. Unterführung zwischen dem Empfangs-Gebäude und dem Eisenbahn-Betriebs-Amte, rechtwinklig, gewölbt, 12 = Weite, 4,3 = lichte Höhe, 67,3 = Länge, 1,7 = Pfeilhöhe. Anordnung und Ausführung ganz wie bei 21, nur wegen der geringeren Weite schwächer gehalten. Gewölbstärke unter den Gleisen (Werksteine) 0,4 = im Scheitel, 0,5 = am Kämpfer, zwischen den Gleisen (Ziegel) durchweg 0,51 =. Gesammtkosten ..... 143 140 M, oder f. d. lfd. = Länge .... 1 831 M.

23. Unterführung der Königstraße, unter E. II, ausführlich beschrieben und auf Bl. 30 dargestellt.

24. Unterführung der Straße „Am Schiffgraben", unter E. I. ausführlich beschrieben und auf Bl. 28—29 dargestellt.

25. Unterführung der Kirchwenderstraße, 78°40′ Schnittwinkel, 8 = rechtw. Weite, 4 = lichte Höhe. Mauern in Ziegel-Keimbau. Sechs Gleise unabhängig mit Blechträgern übergeführt; Mauerwerk für 7 Gleise eingerichtet. Fahrbahn zwischen den Trägern, Querträger und hölzernen Querschwellen. 40 730 M Schmiedeisen, 2240 M Gusseisen. Gesammtkosten.................. 37 100 M.

26. Unterführung der Gutenberg-Straße, Schnittwinkel bei 3 Gleisen 78°1′, bei 3 Gleisen 67°15′; 12 = rechtw. Weite, 4 = lichte Höhe. Anordnung und Bauart wie bei 25. 74 80/1 M Schmiedeisen, 1985 M Gusseisen. Gesammtkosten .... 60 120 M.

27. Unterführung der Bultstraße, rechtw., 8 = Weite 4 = lichte Höhe. Vier Gleise werden übergeführt; Anordnung und Bauart wie bei 24. Gesammt-Eisengewicht 94 450 M. Gesammtkosten .... 16 330 M.

28. Unterführung der Stadtstraße, rechtw., 8 = Weite, 4,11 = lichte Höhe. Drei Gleise werden übergeführt; das Mauerwerk ist für vier Gleise eingerichtet. Anordnung und Bauart wie bei 25. Gesammt-Eisengewicht 19 360 M. Gesammtkosten .... 20 990 M.

29. Unterführung des Misburgerdammes, 53°24′ Schnittwinkel, 15 = rechtw. Weite, 4,4 = lichte Höhe in der Mitte. Drei Gleise unabhängig durch Fachwerk-Bogenträger mit Kämpfergelenken übergeführt; Mauerwerk für vier Gleise eingerichtet. Anordnung und Bauart wie bei 24. 84 940 M Schmiedeisen, 3180 M Gusseisen. Gesammtkosten .... 55 110 M.

30. Unterführung der Altenbekener Verbindungsbahn, 61°40′ Schnittwinkel, 9,3 = rechtw. Weite, 4,11 = lichte Höhe. Drei Gleise werden übergeführt, das Mauerwerk ist für vier Gleise eingerichtet. Anordnung und Bauart wie bei 25. Gesammt-Eisengewicht 22 740 M. Gesammtkosten .... 17 710 M.

IV. Bauleitung.

Die Bearbeitung des Gesammt-Entwurfes für den Umbau des Bahnhofes Hannover ist unter der Leitung des jetzigen Geheimen Oberbauraths Grüttefien durch den Abtheilungs-Baumeister Seeliger und den technischen Eisenbahn-Sekretär Hesse, die Bearbeitung der einzelnen Theil-Entwürfe ebenfalls unter Leitung des Hrn. Grüttefien theilweise durch das hautochnische Bureau der Kgl. Eisenbahn-Direktion zu Hannover unter dessen Vorständen, den Bau- und Betriebs-Inspektoren Koenen und Zimmermann, theilweise durch den Abtheilungs-Baumeister Seeliger ausgeführt.

Die Oberleitung des Baues war dem Geheimen Oberbaurath Grüttefien und nach dessen Berufung in das Kgl. Ministerium der öffentlichen Arbeiten dem Oberbaurath und Geheimen Regierungs-Rath Durlach übertragen. Au Abtheilungs-Baumeister wirkten der Eisenbahn-Bau- und Betriebs-Inspektor Blanck und der Reg.-Baumeister Seeliger. Letzterer bearbeitete daneben die Entwürfe für die zahlreichen, zur Durchführung des Betriebes während der Bauzeit erforderlichen zeitweiligen Gleis-Anlagen und für die Durchführung des Umbaues.

Die Ausführung des Empfangs-Gebäudes war unter der Leitung des Eisenbahn-Bau- und Betriebs-Inspektors Blanck dem jetzigen Professor Hubert Stier übertragen. Die Ausführung der übrigen Bauwerke war unter die Reg.-Baumeister Multhaupt, Plate, Bremer und Steinvorth getheilt.

Buchdruckerei der Gebrüder Jänecke in Hannover.